JN260543

自己破産した
MBAだけが知っている

つぶれない会社の鉄則30

著
梶田 研
Ken Kajita

Chapter 1
経営管理の肝

成熟社会は儲からない／〝独裁型〟は現代の経営に向かない／一九八〇年代のコンピュータ
ＭＢＡの意義とは／家業を継ぐ、という選択／いきなり「人間」の難しさ

Chapter 2

幹部の心得

Chapter 4

資金繰りは一生の友達 167

| Contents | 自己破産したMBAだけが知っているつぶれない会社の鉄則30

―30― 斜陽産業を生きる ―― 203

あとがきにかえて ―― 210

解説 ―― 218

ブックデザイン＋ＤＴＰ　若松隆（ワイズファクトリー）
インタビュー・構成　石橋毅史

Chapter 1

経営管理の肝

01
「儲かる商売」を探しているあなたへ

不況が長引く現在も、経営者からこんな言葉を聞くことがある。

「先月は調子が良かったよ。昨対で三パーセントアップしてね」

「今年は増収になりそうです。去年は悪かったけど、盛り返してきたよ」

喜ばしいことではあるが、それが今月も来年度もつづく、とは考えないでほしい。

会社の経営は、ゲームやギャンブルに似た落とし穴がある。一度いい結果が出ると、それがこの先も続くかのような幻想を、人間はどうしても抱いてしまう。

だが、落ち着いて世の中を見渡してみよう。多くは減収つづきで苦しんでいる。ほとんどの経済評論家は、「右肩上がりの時代は終わった」ことを前提に、今後の見通しを述べている。私も、そのとおりだと思う。じつはV字回復がやって来る！　と注目を集めるような説を唱える気は、まったく起きない。自分の会社だけは……つい、そんなふうに思い込んでしまう経営者は多いが、それは終わりの始まりである。

どんな会社も、いま、ここにある社会に生かされている。時流には逆らえない。

現代の私たちは、成熟社会を生きている。

戦後の数年間は、食べてゆくこと、生きてゆくことが最大のテーマだった。一九五〇年代から七〇年代前半までの高度経済成長期は、テレビや洗濯機、マイカーの所有などに代表される、暮らしを豊かにする商品やサービスが続々と生まれた。一九八〇年代のバブル経済期は、金が金を生むマネーゲームが氾濫し、商品もサービスも金額で価値が決まるような浮わついた時代だった。

このあと、平成不況といわれる二十年が続いている。だが、これまでの蓄積が継承された社会でもある。かつて国を挙げてのテーマだった、「生きていける社会」「快適に暮らせる社会」は、細かいことをいえば問題もあるけれど、ほぼ満たされている。マネーゲームも、「金融」という綺麗な言葉に置き換えられた。何が幸福かという基準は、人によってバラバラになった。

そんな成熟社会で、これをやれば儲かるなどという「法則」は存在しない、というのが私の持論だ。

もちろん、一時的にブームになるモノやサービスはあるだろう。業種についても、十年ほど前まではインターネット・ビジネスで儲ける人びとが出てきたり、近年では介護などの分野が注目を集めたりした。だがご存知のとおり、それらの分野も全体としてはすぐに頭打ちになる。

もっと食べたい、もっといい暮らしをしたい、といった「もっと欲しい」に上手く対応できれば、あるいはその欲望を刺激できれば、売上げは伸びる。だが、その欲望は多くの人にとって満たされ、希薄なものになった。経済が駆動するための最大のエンジンが、かかりにくくなっている。

「アベノミクスでデフレ脱却！　景気回復！」

「聞こえのよい言葉に振り回されるな。綿密な検証が必要だ」

話題を引っ張るのがマスコミの仕事だからやむを得ないが、人々の生活が根本から変わらない限り、関係ないのだ。日本が成熟社会から退行し、生きることも日々の快適さもまならない国に沈没しない限り、「もっと欲しい」を刺激するのは難しい。

私は学者ではないから、そういう社会の善悪や、経済情勢の展望を語るつもりはない。

そういう成熟社会で、あなたの会社はどんな心づもりで経営したらいいのか、具体的にどうすればよいのかを考えるだけである。

この章のはじめに言いたいことは、ひとつだ。

「この先、会社の業績が伸びることはない」

まずはこのことを、頭に叩き込んでおきたい。

努力が実って、もしくは幸運なことに、業績が良くなったときは、次に再びの低迷が待っていることを覚悟しよう。自分の会社だけが世の中の流れに抗えるはずがないことを、受け入れよう。

「業績が伸びないのなら、会社経営なんてやめたほうがいいんじゃないか」

そう考える人もいるだろう。私はまったく反対しない。取引先や家族に迷惑をかけないうちに、潔く会社をたたむ。それも賢明な判断である。

だが、言うは易し。ほとんどの会社は、そう簡単にはやめられない。

儲からない時代、業績が伸びない時代に、倒産しない会社でいるにはどうしたらいいのか。倒産しないために、してはいけないことは何か。これから、それを考えていこう。

そのために、あらためて肝に銘じよう。

会社の業績は、もう伸びない。むしろ下がる可能性が高い。

この先、ずっとだ。

02
「感度分析」を定着させよう

業績の伸び悩みや低迷がつづくと、それをカバーする新しい事業が必要になる。経営者や社員からアイデアが出て、これはいける、と判断したものは実行に移される。

それ自体は自然なことだ。いままで収入源にしてきた事業が永遠に続くと考えるのは間違いである。会社が培った経験やネットワークを活かし、新たな収入をつくる。この努力を常に怠らない会社は強い。

ただ、このときにほとんどの会社が犯しているミスがある。それは、「感度分析」もせずに新事業を始めてしまう、というものだ。感度分析とは、計画が予定どおりに進まなかった場合に生じる影響を、事前に見込んでおく試算のことを指す。難しそうに感じるかもしれないが、専門家でなければできない、ということはない。

たいていの会社は、収支予想までは行う。「このくらい売れそうだ」、「費用はこのくらいかかる」。しかし、それは希望的観測に過ぎない。

ここからさらに踏み込まないと、収支予想をする意味はない。売上げが予想を下回った場合。費用が予想を上回った場合。売上げと経費が、それぞれ幾らであれば黒字を確保できるのか、赤字に陥ってしまうのか。だが、新しいことを始めるときは勢いもあり、往々にして悪い想像を避けてしまう。とくに営業出身の社長に、この傾向がある。はじめから失敗を念頭に置くなんて後ろ向きだ、と思うかもしれないが、新事業へ踏み出す積極性を発揮するときは、同時に石橋を叩いて渡る姿勢を備えたほうがいい。

一例を挙げよう。

印刷物の製版事業を主力にしていたA社が、新たな印刷機を導入した。縮小しつつある主力事業だけでなく、印刷そのものを請け負う事業にも着手したのだ。導入した印刷機は小ロットの制作に対応するもので、小口の注文を数多くとることを目指した。印刷機はメーカーからの十年リースで、その支払い額は年間四百万円。当初の予想では、新事業によって加算される年間売上高は約四千万円であった。

だが、実際に稼働すると予想外のコストが次々と発生した。受注できる態勢になるまでの準備期間が想像以上にかかり、当初より人員も必要になった。売上げも、これまでとは違う顧客層へアプローチするだけに、機械をフル稼働させられるほどの受注が取れない。

売上げの下振れはある程度予想していたが、人件費をはじめとした経費増は見込みを大幅に上回り、ひたすら持ち出しが続く事態となってしまった。印刷機メーカー側の不備もあって最終的には全額を払わずに返品できたが、この新事業による損失は三千万円にのぼった。収益の予想が大きく外れたことで、会社が大きな痛手を負ったケースだ。

事前に感度分析を行い、累積赤字の上限をきちんと決めていれば、損失額は大幅に減らせたと思う。似たような経験をもつ会社は多いはずだ。倒産しない会社であるためには、この種のミスは許されない。

まず、「売上げ予測は外れるのが当たり前」と考えるのが、新事業の前提だ。〝とらぬ狸の皮算用〟が実際にその通りとなるのは、いわゆる〝奇跡の経営〟である。自分の会社に奇跡は起きない、と心しておこう。

そのうえで、感度分析による予測を立てる。よく売れた場合から、かなり低調に推移した場合までを想定する。売上げが予想を○パーセント下回ったら確保できる利益は幾ら、△パーセント下回ったら損益分岐点、×パーセントであれば赤字が雪だるま式に増える、といったポイントになる数字を探すのである。そのためにはもちろん、経費の予測も大切だ。当初の見込みより増大する可能性を、予め勘案する。目標に達するまでの期間設定も、経費に大きく関係する。これも、予定通りにはいかないと考えたほうがよい。さらに、新事業が失敗に終わる場合の累積赤字は何円まで、撤収にかかる費用は何円……。これらすべてを組み合わせ、いくつかのパターンを想定するのである。

売上げが目標に達さなければ、損失を残して終わり——これを繰り返していると、会社はいずれ倒れる。現在の市場において、感度分析は必須である。

「それができないのが新事業なんだよ。なにしろ、やったことがないんだから」

そんな反論がまだ聞こえてきそうだが、それでも可能な限りやろう。やっておくことで、じつは新事業の構想も、より具体的になる。実働するスタッフとの目標共有もしやすくなる。残念ながら失敗に終わりそうな場合に、手を引くタイミングも見える。

ただし、ざっくばらんな予測で動くな、感度分析をしろ、というのは、新事業はノンビリ準備しろ、という意味ではない。スピードも大事である。集中して青写真を描き、できるだけ短期間で予算を組み立て、一日でも早くスタートしたほうがいい。

経営者や社員からアイデアが出た後、やるか、やらないかの話し合いをグダグダと繰り返しているような会社は、やっぱりうまくいかない。やっと立ち上げた時にはもう、その新事業は腐ってしまうと考えたほうがいい。

03 できるだけ自己資金を用意する

新たに事業を立ち上げるときに、費用のほぼ全額を銀行借入で賄う会社は多い。たとえば小売店なら、新規出店をする場合だ。銀行が融資に慎重な時代となって久しいが、それでも貸さなければ儲からないのが銀行だから、融資がなくなることはない。

だが、借入金だけで新事業を行う発想は、もう捨てよう。

事業である以上、投資額を回収するのはもちろん、黒字に転化させ、利益を積み上げていかなくてはならない。

もちろん、予算を組み、いずれは儲かることを見込んで投資をするのだが、いっぽうで絶対に忘れてはいけないことがある。

その投資は、儲けにつながらず、赤字に終わる危険性がある、ということだ。「02」で述べた、「感度分析」の重要性と同じ話である。投資は、黒字になった場合以上に、失敗した場合のダメージがどれほどになるかを事前に想定しておくことが大事なのだ。

「投資に成功し、大きな利益が出て、ベンツが買えてしまう」

「投資の効果が出ず、三年間はひたすら金が出てゆくばかり。しかも、結局は最後まで回収できない」

どんな投資も、この両方の結果がありうるが、とくに後者のリスクを、常に頭に置くことだ。

借金というのは不思議な麻薬で、懐に入った途端、なぜか自分のものになったような錯覚を起こさせる。これを元手にすれば何だってやれるかのような、大きな気持ちになってしまう。

もらった金ではないのである。いつか返さなくてはいけないのだ。借りた時点では、その金額分だけ赤字が発生したと考えなくてはいけない。

借入金も含めて発生した赤字を回収し、黒字に転化させるまでにどれだけかかるか？その期間を、会社は我慢できるのか？

この二つを、はじめに見極める必要がある。その投資が会社の実際の体力に見合っているかどうかを、知る必要があるのだ。

そのためにも、投資は借入金に頼らず、自己資金も使うことを鉄則にしよう。

借りた金ではなく、自分が元々もっている資金を投じる、そうすると、失敗に終わりそうな場合に手を引くタイミングも見えてくる。そしてじつは、成功して儲けが出た場合の手応えも、より大きくなる。

では、借入金と自己資金の割合は、どの程度が良いのか？

会社の状況や事業内容によって違いは出てくるだろうが、まずは「五十パーセントずつ」で考えるのが良いと思う。

傍から見れば最初から失敗が見えているようなずさんなケースは論外として、一般に投資とは、成功の可能性も失敗の危険性も、等しく存在するものである。ならば投じる自己資金の割合も、この成功率に合わせるのが正しい。

成功の可能性と、自己資金を投じる割合――理屈でわかろうとすると、この二つを同じにする理由はないように思えるかもしれない。しかし、これは会社の規模の大小にかかわらず、ほとんど投資の法則に近いのではないかと思っている。調べてみると、安定経営を続けている企業には、この方法を取っている例が多いのだ。ぜひ、頭に置いていただきたい。

当然、予測される成功の可能性が変われば、自己資金の割合も変わる。「赤字に終わる可能性は大きいが、あえてやってみたい」という場合は、自己資金の割合を大幅に上げる。いまの時代にはないものと考えたほうがよいが、「ほぼ確実に、短期間で黒字化する」と予測できる投資であれば、借入金の割合を高めても良いだろう。

いずれにしても、借入金だけで新事業をする経営は危険だ。

「投資には身銭を切る」

これを原則にしてほしい。

04 経営＝ギャンブルか？

「会社経営なんて、ギャンブルみたいなものだ」

真髄を突く響きがあるのか、わりとよく見聞きする言葉である。

断言しよう。

これをホンネで言っている経営者は、倒産のリスクがかなり高い。

たしかに、経営にはそういう側面もある。売上げも利益も、投資の成果も、そうそう予想どおりにはいかない。でも、だからといって神頼み、運頼みの発想を根っこにもっている人は、会社を危ういところへ導いてしまうことが多い。

当たるも八卦、当たらぬも八卦の綱渡り人生は、どこか魅力的ではある。

「最後は倒産したっていい。ドラマチックな人生を送りたい」

頭の隅でそう考えている経営者は、じつは多い。とくに創業者だ。自分の人生を劇的にしたい情熱があるからこそ、会社を興すのである。もちろん、一人の人間の生き方としては面白い。

だが、そんな経営者と取引をするときは十分に気をつけよう。

社員は、いつでも辞める準備をしておこう。

その経営者は、労働の対価として社員の生活を保障することなど考えていない。社員の幸せのために、と口で言うことはあるだろうが、心の奥底ではそんなことに興味はもっていない。お父さんの競馬、お母さんのパチンコで生計を立てている家に暮らしていると思えばわかりやすい。

売上げと利益の予測がつきにくい。

新商品が売れるかどうかは、出してみなければわからない。

だからこそ、徹底的に数字を見つめ、突き詰めて予測しなくてはいけない。そして、「こうすれば黒字になるのではないか」と冷静に知恵を絞り出し続けなくてはならない。

「なにか一発、当たらないかな」

苦しい状況が続くと、宝くじの当選を待つ心境に陥ってしまう経営者が多い。

「絶対に、来ない」

まず、このことを肝に銘じよう。

アタリが来るのを待ち望む……つい、そんなふうに考えてしまうのは、過去にラッキーな経験があるからだろう。その何十倍、何百倍もラッキーが訪れなかった経験をしているはずなのに、そっちは忘れてしまう。

この発想では、何百分の一の確率でやって来る幸運が訪れなければ終わり、ということになる。運だけに左右された経営が、倒産に至るのは当然だ。

アタリを引くのを待っている暇があったら、ひとつでも多く売ることを考えよう。不確かな要素を減らし、事業が黒字に転化する確率を高めよう。

会社経営は、事業であってギャンブルではない。

社員や取引先、さらにその家族の糧であり、生活を支える営みなのである。

そして、努力が実り、経営が順調に推移したときだけは、それが幸運によるものでもあることに感謝しつつ、「経営はギャンブルだ」と言おう。

さらに言った瞬間から、その科白を忘れよう。

「01」で述べたとおりだ。いまの時代に儲かる商売はない。すぐ目の前に迫っている、売上げダウンに備えてほしい。

05 経営指標を作り、共有する

成熟社会において儲かる商売はない、売上げを伸ばすのは難しい時代だ、と「01」に書いた。

もう右肩上がりの時代は来ない。これはいま、人々の心に深く根ざした感覚でもある。この二十年余りの間に社会人となった二十代から四十代前半の人達にとっては、なおさらである。やるべきことをやっていれば増収増益が達成された時代を、この年代は体験していない。

そういう時代に、「今期は売上げ○パーセントアップ！」「今月は新規顧客○人獲得！」といった目標を闇雲にぶちあげて社員を鼓舞しても、士気は上がらない。それが達成できないことを、皆が心の奥でわかっているからである。

社員が、経営者と同じ厳しい覚悟を持って働いてくれればいいのか。それも違う。社員に経営事情をクドクドと説明し、会社がいかに大変な状況にあるかを知ってもらうことでケツを叩こうとする経営者・幹部も少なくないが、これは逆効果だ。

社員に経営の中身を公開する姿勢は大事である。しかし、その現状を引き受け、綿密な分析をするのは経営者と幹部の仕事であって、社員の仕事ではない。アンタのやることじゃないか、と社員は内心で不満を蓄積させるだけである。

会社のPL（Plofit&Loss＝損益計算書）やBS（Balance Sheet＝貸借対照表）をしっかり読みこめる知識をもった社員であれば、場合によってはそこまで踏み込んで共有してもらってもよいかもしれない。だが、そんな社員は多くないし、これは後述もするが、PLやBSをきちんと読めるような社員はたいてい、独立志向が強い。いずれは社を去ってゆく人だと思っておいたほうが間違いはない。

私の知る限り、そもそも経営者・幹部でも、PL・BSを読める人は少ない。そんなことでは、「経営者の視点を持て」という言葉も虚しく響くだけだ。

成熟社会とは、個人がそれぞれの生き方を自由に探す社会でもある。精神的には会社と一定の距離を保つのが当たり前で、会社に生涯を捧げたいなどと考える人は、いまではほとんどいない。社員の意欲と会社の利益とが、繋がりにくい時代でもある。

その一方で、会社から得る給与のおかげで困難な時代であっても生活できているのだ、という現実がわかっている人も多い。会社に貢献するつもりはあるが、そのためにどうすればよいか、がわかりにくくなっているのだ。なにをしたって会社の業績は落ちる一方なのではないか、という気持ちに陥ってしまう要素が、会社の内にも外にも転がっているからである。

そうした揺れ動く社員の気持ちを、貢献への意欲に結びつけてゆくためには、経営者から社員までが共有できる、わかりやすい経営指標を定め、掲げることが必要である。

わかりやすい経営指標とは、言葉だけの理想とか曖昧な理念ではなく、現実を踏まえたうえで「この点をこう解決すれば、会社の業績は好転する（もしくは悪化しない）」とシンプルに、具体的に示すということである。

かつて私が在籍した、鞄店での経験を例にしてみる。

不採算店舗の建て直しに奔走した当時、私が巡回する支店の店長・スタッフに理解を求めたことがひとつあって、それは「在庫回転率」であった。小売店の経営維持のためには、在庫の管理がいちばんの生命線となるからだ。

そこで、在庫回転率とは何か、現状では何回転で、何回転になれば赤字から脱却できるのか、それだけは時間を費やしてもわかってもらうようにした。それは次第に合い言葉のようになり、打合せをするときも話のスタートラインが引き上げられたと思う。

事実上、経営者に近い立場にあった私と、店を毎日開け、接客をし、お客様に鞄を買っていただく現場の店長・スタッフでは、役割も視点も、働くモチベーションの在り処も違う。だが、「店を続けたい」「そのためには在庫回転率をこのように改善しよう」という経営指標は、共有できるのである。

ポイントは、

・誰もがわかる
・到達が可能である
・いつでも改められるようにしておく

この三つを備えた経営指標であることだ。

目標の共有は大事だが、その実現可能性や意義は、会社の状況によって変化する。実現が難しくなったり、会社の向かうべき方向とはズレ始めた途端、経営指標は陳腐化し、形ばかりのものになる。テコでも動かない決めごとなどない、むしろ柔軟に変化するものだ、ということも常に頭に置いておこう。

そうした変化についてきてもらうためにも、掲げる経営指標は、具体的で、わかりやすいほうが良い。

06 投資は「浪費」である

「ま、これも投資だから」

「授業料だと思って、前向きに考えます」

新事業や出店などに失敗すると、こんなことを平気で言う経営者が多い。失敗を認めている自分に、酔っているようでさえある。

危険だ。投資の失敗は、ずさんな「浪費」に過ぎない、という意識に欠けた会社は、かなりの確率で次の倒産候補である。

不思議なのは、社員が使う交通費、交際費には細かな上限を設けるなど厳しく管理したがるのに、事業への投資となると、いきなり甘くなる経営者が多いことだ。にもかかわらず、投資の失敗（＝浪費）をカバーしようと、さらなる投資（＝浪費）を試みる。社員の使う経費は何百円、何千円をオーバーしても口うるさく指摘し、挙句の果てに「使った分は稼いでこい！」などと怒鳴り散らすのに、その何倍もの浪費を良しとしている。

社員が使った、計一千万円の交際費。

経営者が一千万円を投じた、新事業や新しい機械の購入。

二つは、この時点では等価。同じ一千万円の経費なのである。

もちろん、内実は違う。経営者の投資は、失敗すれば多額の借金を背負うことを覚悟し、それが儲けとなって返って来ることを信じて使う金だ。対して社員の使う経費は、自分の金ではなく、仮に責任をとることになっても、最悪でも無職になる程度。だが、経営者側がずさんな浪費をしていては、社員に経費の大切さは語れない。

「投資」であったかどうかは、得られた効果によって決まる。失敗を「勉強した」などという言葉でごまかさない覚悟が必要だ。

07 適正在庫は変動する

ここでは小売業を想定してお話する。もっとも、メーカーなど他の業種であっても「在庫」をもっている会社、在庫をもつ会社と取引している会社であれば、参考にしてほしいテーマである。

在庫をどう管理しているか？

これを話題にしたときに気になるのは、「ウチの店の在庫金額は○万円が適正」などと、はじめに断言する経営者・幹部が多いことだ。「ところが、どうしても多く持ち過ぎてしまう」といった相談が続く。

しばらく質問を重ねてみると、その「適正な在庫金額」は、何年も前から変わっていなかったり、そもそも「適正」の根拠がなかったりする。

もちろん、理解はできる。基本の在庫金額を確定しておけば、毎月の仕入れ代金の支払額が見えやすくなるし、基準を決めたうえでチェックすれば「今月はちょっと多いから減らそう」「もっと仕入れても大丈夫」といった判断もしやすい。年間の在庫回転率など、運営状態の好・不調を考えるときの土台にもなる。

だが私は、これらは前時代的な経営管理ではないかと思っている。

どの業種も、ＰＯＳシステムの普及や流通網の発達が進んでいる。業種によって進化に差はあるが、メーカーや卸業者とデータを間に挟んだやり取りが可能になり、無理に在庫を抱え込まなくても、売れ筋商品は短期間で届くようになった。

まずは、「いまの在庫は多すぎるのではないか」という前提で、あらためて現状をチェックしてみよう。

ただし、これは第一ステップ。それだけでは不十分だ。

販売データの共有や物流の精度は上がったものの、肝心の売上げは安定的に右肩上がりとならず、よくて横ばい、じっとしていれば低下してしまう時代である。

消費の保守化が進み、顧客の購買は売れ筋商品に集中しやすい。よく、「二割の売れ筋が売上げの八割を占める」などといわれるが、ときには「一割で九割」ということもある。「これは売れる」と踏んだ商品は、競合他店に先駆けて大量に仕入れる能力も、これまで以上に必要である。「在庫を減らせ」「持ちすぎるな」という意識に偏りすぎて、この判断力が弱まっている小売店も多い。

もちろん、一方で売れ筋商品ばかりに頼っていられないのも、これまでどおりである。消費者に広く認知された商品を大量販売するのは、結局は大型店の専売特許だ。店の個性となるような客の目を楽しませる商品、「また見に来よう」と思わせることを目的にした商品も、常に一定量もっている必要がある。当然、それらも常に動向をチェックし、入れ替える準備が必要である。

これらの慌ただしい状況に対応するためには、「ウチの店の適正在庫はいくら」という固定観念を捨ててみる――これが次のステップである。

そもそも、売れ筋商品こそ常に変わってゆく。その単価や販売個数も、銘柄によってまちまちだ。「店の適正在庫金額」を固定して捉えるのは、本来、あまり理に適った考えかたではないのである。

在庫金額は、変動してよい。

そのように捉えることをお勧めしたい。

いうまでもないが、だからといって「知らなくていい」のではない。むしろ、いままで以上に敏感にならなくてはいけない。できれば週単位、最低でも月単位でチェックし、変動する状況を把握できる態勢をつくっておくことが望ましい。

把握すべき立場にあるのは、もちろん経営者、あるいは経営幹部だ。

〝話以前の話〟になるが、「適正在庫の捉え方」どころか、いま在庫がどのくらいあるかを知らない経営者、幹部が多いのだ。これは、売上げや利益の目標が立てられず、毎月の支払額も理解していない、つまり資金繰りができない事態に直面している、ということである。

まずは、在庫数・在庫金額を常時確認できる仕組みづくりを始めてほしい。

08 「最終処分」が仕入れの要点

「07」につづいて、おもに小売店の話である。

どんな店も、売れ残った商品を処分するときがある。大幅な値引きをし、それでも売れなければ廃棄する。そこまで下げずに売り切れたら利益をあげられたのに、という失敗が多いと、経営は確実に悪化する。

もっと適正な数を、適正なタイミングで仕入れたい。誰もがそう考える。

だが、これから世に出てゆく商品が、自分の店で何個売れるか。ほぼ正確に当てることは、販売データなどが豊富にとれるようになった現在でも、なかなか難しい。売れ残りは発生するものだ、という前提で考えるほうが現実的だ。

たいていの商品は、「売れそうだ」「こうすれば売れる」と思うから仕入れる。仕入れのときは意識がそこに傾いて、売れ残った場合の処分をイメージしにくい。

その習慣を変えて、仕入れの段階から「売れなくなったら、どう処理するか」もあわせて考えることを心がけよう。

具体的には、「売価をどこまで下げるべきか」ということになる。店の売上げ状況や客層、商品の特性などによって異なるので一概にはいえないが、やはり基準にしやすいのは、仕入れ原価であろう。

私が家業の鞄店で仕入れ部門を担っていたときも、仕入れ原価を最低ラインにした。原価を下回る売価にするのは、よほどの場合に限った。

同時に、仕入れ原価を割る場合の損失を少しでも補うために、予防線も張った。メーカーと、予め交渉しておくのである。

たとえば、仕入れ原価が六千円のバッグを二十個仕入れるとしたら、「売れ残って、原価割れで売ることになったら、差損分の半分をもってくれないか」と要求する。つまり、最後は五千円で売ったとしたら、仕入れ原価との差額である千円のうち五百円を、バックマージンとしてもらうようにしたのだ。

仮にこのバッグを、まずは一万円で十個まで売ったとする。粗利益は一個当たり四千円、合計で四万円だ。ところが残りの十個がまったく売れなくなり、五千円の半額セールで捌いたとする。仕入れ値に対して一個当たり千円、合計で一万円の損が出る。

これだけだと、二十個を売った粗利益は差引きで三万円だ。だが、半額セールによって損失となった一万円の半分はメーカーが持ってくれるから、実質は三万五千円である。いうまでもなく、この五千円の積み重ねは大きい。

もちろん、はじめに設定した一万円のまま完売できれば、それに越したことはない。この場合の粗利益は、一個当り四千円×二十個＝八万円。仕入れ値、個数、売価を判断する精度をあげなくてはいけないのは当然だ。

でも実際のところ、「商品はかなりの割合で、売れ残る」。

これを前提として、発生する損失や利益の減少を、可能な限り抑えるのだ。単品ごとに丹念に取り組んでいくと、一年を通した違いはとても大きくなる。

そう簡単なことではないかもしれない。

売れ残り商品の値引きを抑える取り組みについては、コンビニ業界のトップであるセブン－イレブン本部の方針にフランチャイズ店が反発し、ニュースになったことがあった。本部サイドの狙いそのものは間違っていないと思う。それを販売の現場である店舗の現実と合わせることが、いかに困難かを象徴した事例だろう。

もっとも大手小売店は、どこもこの手のノウハウを豊富にもっている。仕入れ段階での原価を安くさせる、強引に返品を引き取らせるといった〝横暴〟を指摘する噂が囁かれることもあるが、利益の確保に全力を尽くす知恵と方法は、中小の小売業も吸収しなければいけない。むしろ規模が小さいほど大手以上に賢くならなければ、波にのまれずに生き残っていくのは難しい。

イロハの「イ」のような話ではない。だが、仕入れ段階から考え方を変えれば、やってやれないことではない。収益や資金繰りを安定させる土台作りの一環として、ぜひ取り組んでほしい。

わたしはどこまで行けば倒産するかを知っています①

奇特な経歴、ありふれた要因

――梶田さんは、大学からそのまま大学院へ進み、MBA（Master of Business administration＝経営学修士）を取得しています。最初からビジネスノウハウを習得したプロとして社会に出た。ところが、入った会社は倒産してしまい、そのうえ自己破産まで経験している。

「自己破産したのが、二〇〇三年です。生涯にわたって消せない汚点ですし、家族を含め、周囲には大変な迷惑をかけてきました」

――MBAホルダー、会社の倒産、自己破産。一つひとつは珍しくありませんが、その全部を経験している人というのは希少だと思います（笑）。しかも現在は、それらの経験を糧に経営コンサルタントをしている。

「私の知る限りでも、他にはいません。たしかに変わっているかもしれませんね」

――倒産は、家業だった鞄店で起きたのですね。

「父が社長をしていて、本店は東京の池袋にありました。首都圏だけでなく関西、北陸、中国、九州にも支店を出していて、いちばん多い時で四十店舗以上。私は倒産の一年ほど前に父と諍いを起こして会社を辞めましたが、借金の連帯保証人になっていて、それが回ってきた。当時の私は独り立ちしたばかりで支払い能力もなく、自己破産を選択することになって」

——借金は、社長であったお父様によるものだったのですね。

「そうです。もともと厳しい経営状態が続いていましたが、最後は父が蒸発してしまった」

——その後、お父様は？

「わかりません。行方不明のままです。失踪から七年後の二〇一〇年に死亡認定を申請したので、戸籍上は亡くなったことになっています」

——周囲にとっても辛い出来事だったと思いますが、家業をしていれば起こりうること、ともいえるでしょうか。

「可能性は、ありますよね。私の経験は一見すると奇特かもしれませんが、冷静に振り返ると、そこに至るまでの出来事の一つひとつは、ありふれていたと思うんです。いまは企業のコンサルティング、というよりサポートを仕事にしていますが、ＭＢＡで経営理論を学んだ、その一方で家業を倒産させてしまった、この二つの経験があるおかげで、見えること、言えることがあるなと思うことは多いです」

——これをやってしまうと倒産に至る、というポイントですね。

「いまは倒産の危機をできるだけ回避する、粘りの経営が求められる時代です。こうすれば伸びる、儲かると前のめりの姿勢でチャンスを取りにいくよりも、つぶれないように足腰を鍛え、チャンスを待てる会社になってほしい。そのために、『倒産に繋がるポイントは何か』を知っておくことは大事です。知っておいて、問題の発生を事前に回避する、すでに起きてしまっていれば改善する、ということですね」

——家業の鞄店には、倒産に至る要因がいくつもあったと。

「こういう会社が倒産する、という典型のような会社だったと思います。ちょっと振り返ってみましょう。私も事態を招いた一員なわけで、恥を晒すことになりますが」

鞄店の始まりと継承

——家業の鞄店は、いつ開業したのですか。

「戦後まもなくです。祖父が立ち上げた会社でした。私が幼いうちに亡くなったので詳しくないのですが、この祖父は商才に長けた人だったようです。戦前からテントなどの販売店をしていて財をなし、終戦直後の焼け跡が残る時代に、池袋で鞄店を始めたと聞いています」

――その後、お父様が二代目として後を継いで。

「そうですが、祖父の死後、祖母が切り盛りしていた時代を挟んでいます。父は長いあいだ祖父との仲が悪かったようで、一時は家を飛び出して自分の会社を興したりしていた。このあたりの経緯は家族関係も含めて、ちょっと複雑なんです。というのも、父と祖父の間には、血のつながりがない。父の実父は早くに亡くなっていて、鞄店の創業者は祖母の再婚相手なんですね。自分は実の子じゃないから認めてもらっていなかった、可愛がってもらえなかったというようなことを、父は何度か言っていました」

――とはいえ、家業を継いだのはお父様だったわけですよね。

「祖父には実子もいたのですが、再婚相手の連れ子である父に家業を継がせる考えを早くからもっていたそうですし、父が家を飛び出して自分の会社を始めるときも、資金面で援助をしたようです。いまとなっては確認のしようもありませんが、祖父はじゅうぶんに父を可愛がっていたのではないか、という疑問は残る。父は、ちょっと被害妄想の強い人だった。家業を継ぐまでの父は、かなり屈折しているんですよ。失踪したり、自殺を図ったたり。私の母と結婚し、第一子である姉が生まれた頃にも失踪したことがあるそうです。最後も、自分の会社を捨てて蒸発しちゃったわけですが」

――深い厭世感みたいなものを抱えた人だったのでしょうか。

「一九四五年の敗戦は、ひとつの重大な体験だったようです。このとき父は十八歳ですが、それまで帝国軍人となるべく受けてきた教育がひっくり返って、いきなり民主主義という新しい価値観を与えられた。社会や国家への疑問とか、自分の生き方が見つからない苦しさがあったというのは、直接聞いたことがあります。それと祖父との仲違いが、どう関係するのかはわかりませんが」

――話を見聞きするたびに想像するしかないわけですが、当時、終戦による価値観の転換に苦しみ、新しい社会に馴染めなかった人は、けっして少なくなかった。お父様も、十八歳という多感な時期にその経験をされたわけですね。

「ただ、そんな父に同情するとか、だから会社を捨てて蒸発したのも仕方がないとか、そういう気持ちはないんです。父が経営者として無責任だったことはたしかで、私としては、そこは切り離して考えています」

はじめから見えた陰り

――お父様が鞄店の経営を引き継いだのはいつですか。

「一九七三年です。次男の私が、中学へ上がる年でした」

――昭和史でいえば、オイルショックがあり、日本の高度経済成長に陰りが見えてきた時代ということになりますね。

「とはいえ、まだ多くの人が〝より上の豊かさ〟を目指している時代で、伸びている企業が多かったはずです。もっとも家業のほうは、父が社長に就いたこの頃がピークでした。店舗数が四十店舗余り、売上高が五十億円以上という数字上のことだけでなく、上昇する気運や経営の安定という意味を含めて。父が経営を引き継いでからは、ゆっくりと下降線をたどっていったといえます」

――その頃から、後の倒産に至る兆しがあったということですか。

「私が家業に入るのは父の社長就任から十五年後になるので、後からわかってきたことですが。そもそも父は、見栄っ張りというか、とにかく会社を大きくしたがったんですね。新規店を出しては失敗し、赤字になる。これを繰り返していた。そこで反省して、既存店の頑張りで収益を積み直していくという地道な経営ができない。昇り調子の時代は多少荒っぽくても何とかなっていたんでしょうが、一九八〇年代から九〇年代に入り、国内の消費が全体に落ち込んだ時代になっても、そのやり方を変えられなかった」

――七〇年代から八〇年代、九〇年代のはじめまでは、銀行から融資を受けるのもいまより容易だった。

「それもあります。ただ、当時だって何の担保もなしに貸してくれるわけはなくて、父の場合は、妻、つまり私の母の力が大きかったんです。私の母方の祖父も、やはり商人として才を発揮した人だったようで、資産がけっこうあった。その何分の一かを子どもである母も譲り受けていて、これが銀行から融資を受けるうえで担保になったんです。乱暴にいえば、父の三十年間の経営は、自分の継父と義父、二人の築いた資産を食いつぶしていたに過ぎない」

――非常に厳しい評価ですが、そういう二代目の多い時代だったともいえるでしょうか。

「多かれ少なかれ、戦後の昇り調子の気分を引きずった経営者は多かったと思います。さらにいうと、これはけっして昔話ではない。多くの会社で経営のお手伝いをさせていただいてわかるのは、そういう会社はいまも少なくない、ということです。まさか、不況といわれるようになってもう二十年が経っているのに、と思う人もいるかもしれませんが、かつての方法を変えるというのは、ほんとうに難しい。経営者が、自分の信条や生き方を根っこから見直すくらいの変化を求められる」

――具体的な解決策を指南するだけでなく、会社経営の根本から出直しさせるような関わり方をすることもあるのですか。

「一緒に経営をしていくようなスタンスでお付き合いすることは、よくあります。ただし、クライアントである社長さんに『あなたは先代の資産を食いつぶしただけだ』とはじめに言えるかどうかは、相手にもよります。私も若干、気の弱いところがありますから(笑)。でも親族の資産とは別に、現社長の手腕だけで採算が取れているかどうかというのは、続く会社と倒産する会社をわける、大事なポイントのひとつだと思いますね」

成熟社会は儲からない

――アベノミクスは流行語に過ぎないとしても、二〇二〇年の東京オリンピックに向かう景気回復だとか、現在、それなりに前向きな将来も語られています。多くの人は、それで気持ちが浮わつくまではいかないものの、カネ回りの良くなる時代が来ることを、どこかで期待してもいると思うのですが。

「景気の再興があるかないか、自分がその恩恵に預かれるか、これらを想像しても意味はない、と腹を決めることだと思います。他力本願はダメです。オリンピックがどうなろうと、会社の存続のために認識しておくべき前提がある。それは、右肩上がりの時代はとっくに過ぎて、いまの私たちは成熟社会を生きている、ということです」

――成熟社会という言葉について、もうすこし詳しく聞かせてください。

「もっといいモノを食べたい、着たいといった、多くの人に共通していた欲望が、すでに飽和している社会だ、ということです。人はそれぞれに独自の価値観をもっていて、その価値観を満足させたいと願っている。商売も、そうした個別のニーズに対応することが求められるようになっている」

――マスセール型の商品やビジネスは、いまもあることはありますが、極めて限られる。サイクルも短くなって、今日のヒット商品が明日には陳腐なシロモノになってしまう。この繰り返しに耐えられるのは、資金にゆとりがあって、すでに儲かるシステムを作り上げたごく一部の大企業だけということに、ますますなるでしょうね。ヒットを出してグンと収益を伸ばすことを考えるより、顧客一人ひとりへのきめ細かなサービスで、小さな収益を積み上げる時代ということでしょうか。

「ええ。ただし問題は、そうしたきめ細かな、顧客ごとにカスタマイズしたサービスさえも、ほんとうに充実した内容を提供できるのは、規模、あるいは質の面でトップを走っている企業に限られるということです」

――そこもまた、大企業や一部の優良企業しかもっていない資金のゆとりが求められる。それ以下の、つまり大半を占める中小・零細企業にとっては、どうやって収益をあげていくかというのがますます難しい。

「そこで大事なのが、『成熟社会に儲かる商売はない』と腹をくくることなんです。だから会社なんて傷の浅いうちに畳んでしまおうという決断も、私はまったく否定しません。むしろ正しいと思う」

――でも、多くの会社はそういうわけにもいかない。

「そうです。そういう時代にいちばん目指してほしいのが、とにかく続くこと、倒れないことを第一義においた地道な経営、ということになります」

〝独裁型〟は現代の経営に向かない

——家業に話を戻すと、お父様のように拡大をしたがる性向は、続くこと、倒れないことを第一義におく経営とは、どうしても相性が悪くなるということですか。

「経営者タイプの人は、誰しも山師的なところがあるんですね。堂々と公言する人もいますが、たいていの経営者は、口にせずとも『一発当てたい』と秘かに思っている」

——そういう人だからこそ会社が立ち上がり、事業や経済が動くわけで、避けられない矛盾であるようにも思えますが。

「それもたしかです。そこでいまの会社に必要なのは、経営者が独裁者にならないことだと思います。とくに創業者の場合、エネルギッシュなワンマンで、強引に周囲を引っ張っているケースが多い。自分の夢を実現するために、周囲を犠牲にできる人でもあります。それはそれで良い面もあるんですが、どうしても考え方が上昇志向に偏り、会社をつぶさない、といった保守的な部分に目をつぶった判断が増える。いまは、堅実にやるべきだという忠告や進言のできる人が経営者の近くにいる会社のほうが、結果的には成長している印象があります」

——家業の鞄店には、そういう体制がなかったということですか。

「私が会社を辞めた要因でもありますが、父は創業者ではないものの、独裁者の傾向がありました。耳障りな意見を遠ざけ、イエスマンだけを近づけていた。周りは、会社が危機的な状況にあることをわかっていながら知らんぷりをする者ばかりになっていた。これは、私も含めてです。ただ実際のところ、どうすれば父の独裁をとめられたかと考えると、不可能だったような気もします。独裁者タイプがその考えを変えるのは難しいと思うし、この矛盾は解消できないかもしれません」

——いずれにせよ、社長が独裁的にやっている会社は、倒産リスクが大きくなる。

「条件のひとつに挙げていいと思います。真に力のある経営者は、芯の部分が独裁的だからこそ成功している。でも、ほとんどの経営者は違う、ということです。そこを、冷静に見極めてほしい。私は後者を応援する仕事をしていきたい」

一九八〇年代のコンピュータ

——梶田さんは、家業に入ることをいつ決めたのですか。

「かなり直前でした。大学院の一年目を終えるころでしょうか」

――親に勧められて？　自分から志願したのですか？

「どちらとも言えます。社会に出たら経営をやりたいと考えて大学院に進み、ＭＢＡを学んだのですが、家業に入ったのは両親の勧めがきっかけでした」

――経営に興味をもったのは、実家が商売をしていた影響でしょうか。

「そうでしょうね。ただ、大学三年までは違っていたんですよ。子どものころから算数、科学など理系の勉強が好きで、小遣いがたまると秋葉原へ出かけて小さな電気製品を買ってくる。それをバラバラにして一つひとつの部品を調べて、また組み立てたりする。そういうことを飽きずにやっていました。大学も、一度は慶応に入ったんですが、当時はコンピュータが大学に導入され始めたころで、そうなるともう、コンピュータをいじりたくてしょうがないわけです」

――慶応大学へ進んだのが一九八一年。一般家庭にパソコンが普及し始めるのは、十年以上も先ですね。

「慶応にも、ほんのわずかな台数しか入っていなかった。調べてみると、筑波大学がけっこうな数を入れているとわかったんです。それで慶応は一年で中退して、筑波に入り直しました。当時すでに、コンピュータが世の中を変える、次の時代を作るという話題は盛んでしたし、私のような理系の少年には自然な関心と選択だったと思います。もちろん二度も大学に入って、親には面倒をかけましたが」

——でも、そのころはまだ家業を継ぐことは考えていなかった。

「次男ということもあって、自分には関係のない話だと思っていたんですね。実際に筑波へ移ったら、コンピュータに関心のある学生なんてまだ少なくて、ファンの回る音がやたらとうるさい専用の部屋に入り浸って、独占していました。当時のコンピュータは〝計算機〟に過ぎません。インターネットで世界中と繋がっている現在のパソコンとは違うものだったわけですが、これを基盤にした情報社会、ネットワーク社会になっていくんだという実感が面白かった。どこかの企業の研究室にでも入って、そういう研究をずっとやっていくのもいいな、と思っていました」

——当時はない言葉ですが、ちょっとオタクっぽい？

「いまならそういわれるタイプでしょう。ただ中途半端というか、真のオタクにもなりきれなかった。大学も後半にさしかかったとき、将来のことを考えたんですね。研究だけをする日々も悪くはないが、人生は一回きりだしな、と。研究室と自宅を往復する毎日か、浮き沈みのある世間に出るか、迷いました。ビジネスの世界でコンピュータの知識を活かす場面は必ずあるだろうし、何か事業をやってみようと思ったんです。子どもの頃から見てきた父の後ろ姿が影響したのは、たしかですね。力次第で、上手くいけば儲けられる。失敗もあるかもしれないが、そこは自分次第という人生も面白そうだなと」

MBAの意義とは

――そこで、今度はMBAに関心が向いたわけですね。

「将来は経営者になると決めたら、今度はそれで頭がいっぱいになってしまうんですね。はじめは就職するにしても独立の準備期間にあてよう、だったらいまのうちに経営のイロハを学んでおきたい、と考えました。就職したら、新人のうちはそんな余裕もないでしょうし。凝り性なものですからいろいろと調べるうちに、MBAのことを知りました」

――MBAという学位は、当時はあまり知られていなかったですよね。

「日本では一九七八年に慶応の大学院がコースを設けたのが始まりで、私が入った時は創設から八~九年経ったころ。多くの大学にコースができたのは平成に入ってからでしょう。もともとは、一九〇〇年前後にアメリカの各大学が始めたものです。一九六〇〜七〇年代にはアメリカで活躍する経営者にＭＢＡを取得している人が増えて、実践的な学位として知られるようになった。在学生に話をうかがったりもして、これは必要な知識をつけられそうだなと」

——具体的には、どんな勉強をするのでしょう。いまでは日本でも多くの実業家が取得しているし、大きな書店に行けば「ＭＢＡ」というプレートを立てたコーナーもありますが、詳しくは知らない人が多いと思います。

「二年で課程を修了するのですが、一年目はひたすらケーススタディに取り組みます。ケーススタディというのは、たとえばあるテーマを抱えた企業について書かれた小冊子が配られます。一冊が二十頁くらいでしょうか。実在するモデル企業があって、かなり綿密な取材がなされたものです。その企業の経営者や幹部になったつもりで、あるいはコンサルタントとして、解決策をまとめる。翌日にクラスで発表をし、議論したり、先生から講評を受ける。これを年間で五百冊くらいこなすと、会社の運営における課題、問題が網羅できるカリキュラムになっている」

——一年で五百冊というのは、すごい量ですね。

「はっきりいって、かなりハードでした。実質的には一晩に三冊分をまとめるといったペースなので、徹夜はザラでしたね。簡単に例を挙げると、『一カ月後に親会社に経営改善案を提出しなければならない、ある中堅会社』について、その改善案を考える。会社の沿革から近年の業績推移、財務の内情などが詳しく書かれていて、いまのところは営業所の統廃合やセールスマンの販売活動方法を変えようと思っていることや、付帯情報として新規参入を含む同業他社の状況、統廃合を行う地域の市場動向などもまとめられている。それに対して、販売活動はこう変えれば合理的になる、競合企業にはこういう対策を打て、さらにこんなことをやるべきだ、最終的な業績はこう予測される、といったことをまとめます。参考資料を引っ張り出す必要もあるし、時間はかかります」

——同時に、スピードも求められる。

「翌日に発表しないといけないですからね。絶対の正解というものはないですが、理解が甘かったり、根拠のないアイデアを出したりすると、先生やクラスメートからコテンパンにされます。最後は、このケースを通じて知っておくべきことをまとめた分厚い資料が配られて、復習です。一年目は主に、この繰り返しです」

——慶応大学のＭＢＡコースは「ＫＢＳ」の略称で知られ（＝慶応ビジネススクール。正式名称＝慶應義塾大学大学院経営管理研究科）、国内ではもっとも高い評価を受けていますが、それはカリキュラムのレベルに加えて、そうした授業のハードさもあるのでしょうか。

「私が学んだのは二十年以上前なので現在と比較してどうかはわかりませんが、自分で望んだとはいえ、修行僧になったような気分でした。とにかく、他のことがいっさいできない。もっとも、私はひとつのケースにあたるのに時間がかかっていたと思います。クラスには企業から派遣されて来ていた方も多かったのですが、私はまだ社会人として働いた経験がないから、会社というものの日常的な風景や空気がどういうものかという実感が沸かない。これは、大きなハンディでしたね」

――その一方で、まだ学生なので集中はできた。

「親には世話になりました。大学時代は家庭教師やら車の修理工場やらいろんなアルバイトをして学費は自分で出しましたが、大学院へ進むとき、これはたぶんバイトどころではないと思って、学費から生活費まですべての面倒を見てほしいと頼みました」

――学費は、どのくらいするのですか。

「高いですよ。当時、一年目だけで二百万円、二年間で合計三百五十万円しました」

――その頃は、まだ家業も順調だったわけですね。

「いや、表面上はそうですが、話したとおり、内情は資産を切り崩しながらの経営です。私の学費も、そういう状況のなかで出ていた。当時は全然わかっていませんでした。大学院で膨大な数の経営再建案にあたりながら、家業の現状は想像もしていなかったわけです」

――MBAについてもう一つ聞きたいのは、本当に実用的な武器になるのか、ということです。いくら理論があっても、会社はそれだけで回っているわけではない。むしろ経営者や社員の本来の資質、性格などに大きく左右される。また、これは印象に過ぎませんが、MBAという肩書きが自分を売り込むためのお飾りに過ぎない人もいるのではないでしょうか。そういうコンサルタントと契約して酷い目にあった、大金をドブに捨てたようなものだという話を、知り合いから聞いたことがあります。

「そういうコンサルタントもいるでしょう。私も言われないよう、気をつけなければいけません。でも、MBAが実際に役に立ったかといえば、私の場合は絶対にイエスです。理由はいろいろありますが、いちばんは会社の全容を即座に把握する、早期に対策を打つ、といったことのためにMBAで学んだことが使えるからです。会社というのは、何が利益や損失を生んでいるのか、何をすれば問題を解決できるのかなどを、一日でも早く掴む必要があります。もっと早く手を打っていれば、というケースはとても多い。スピードが勝負で、なおかつ企業の業種や事業規模、経営状態などによってポイントも違ってきます。そうしたノウハウや姿勢をはじめに身につけたことは家業に入ってから役に立ったし、いま、コンサルティングをさせていただくうえでも大事な基盤になっています」

——とくに新入社員が会社の財務や全容に目配りしながら仕事をするのは難しいわけで、やはり特殊技能ではあるでしょうね。

「ただ、おっしゃるとおり、実際の会社は、人間がそれぞれの欲望や思惑をもって動いている。まさに生モノで、理論や法則を当てはめるだけではうまくいきません。実社会に活かすアレンジをできるかどうかが、ＭＢＡが有効な武器になるか、お飾りになるかの別れ道だと思います。私もいま振り返ってみれば、とくに家業に入って最初の数年は頭でっかちだった。経験が重なるうちに、大学院で学んだことが活きてきましたね」

家業を継ぐ、という選択

——ご両親の勧めで家業へ入ることを決めたという話でしたが、他の選択肢はなかったのですか。

「ありました。そもそも、一年目が終わったら大学院を辞めようと思っていたんです。というのも、二年目は事実上、MBAを取得するための修士論文の制作なんですね。私が身につけたいのは経営に必要な知識であって肩書きではないから、それより早く社会に出たい、会社勤めを経験して独立したい、という気持ちが強くなっていた。就職活動をして、内定もいただいていました。その頃、両親から初めて『会社を継ぐ気はあるか？』という話があって」

——ご両親としては、大学院も、せっかく行かせたのだから修了してほしいと。

「そこはやはり、後を継がせたときに看板になるという狙いもあったのかもしれません。すこし悩みましたけども、経営をやりたいという目標があって、一から自分で立ちあげるか、家業を引き継ぐことで叶えるか、という道筋の選択ですよね。就職をして資金や人脈を徐々に築いて準備をして、と段階を踏むよりは、家業に入ればいきなり経営に携われるんだよな、と。いま思えば、まったくもって浅薄な（笑）」

——ご両親の勧めを断りようがない、という気持ちもありませんでしたか。家業のある家に生まれた人達が背負った宿命といいますか。

「ありますね。自分の意思で決めましたが、大学院まで行かせてもらった恩を返したい気持ちもあった。父の代で商売が途絶えちゃうのはもったいないとも思いましたし」

――継がせる親の側にも、複雑な心境があるのかもしれませんが。

「もっとも、とくに母は、思惑もあって私の入社を強く勧めたようです。というのもこの頃、父の経営はすでに破綻が始まっていたんですよ。資産を切り崩して借金を返済する、また次の資産を担保に借金をする、という繰り返しになっていた。誰か身内がそばにいて、父の暴走を抑えてほしいと考えていた」

――入社は一九八八年、いわゆるバブル景気の真っ盛りですよね。鞄なども、用途に応じてというより、ファッションとしてたくさん買う人が、いまより多かったように思います。

「売れていましたね。鞄を売るという本業の部分は順調だったと思います。だが一方で商業ビルのテナント料なども高騰し、ひそかにリスクが高まっている時代だった。表面的に好調でも内情は火の車というケースは、当時、非常に多かったのではないでしょうか。父も、その典型でしたよね」

――そういった家業の内情を、入る段階では知らなかったわけですね。

「後になって、次第にわかってきました。私自身はまだ呑気なもので、大学院を修了する頃、やはり最初の数年はどこかに勤めようと思っていました。再び就職活動をして内定もいただいていたのですが、今度は父が、『寄り道せず、すぐに入れ』と。継がせるうえでの条件だとまでいわれて、また内定をお断りして父の会社に入りました」

――家業には、最初から経営の舵取りをする一員として。

「いえ、まずは父の勧めで、皮の鞣製《じゅうせい》工場に数カ月勤めたり、その後は自分で希望して、鞄のメーカーや問屋でもすこし働かせてもらっていました。売り物である鞄が作られ、流通する行程を勉強させていただいたわけです。給料は父の会社からもらいながら、そうやって外で修業した期間が二年ほどありました。正式に家業へ入ったときも、まずは一介の新入社員です。この期間があったことは重要で、下地になったと思います。もっとも、その後はいつから経営の舵取りをしたかといわれると、難しいですね。丁稚奉公に出た期間も含めて十四年間の在籍でしたが、経営に参画した、と純粋にいえる期間はなかったのかもしれない」

いきなり「人間」の難しさ

――一社員として家業に入って、最初についた仕事は。

「大阪の一店舗の、一スタッフです」

――とはいえ、上司や同僚は社長の子息だと知っていますよね。

「もちろんです。ゆくゆくはコイツが社長になるのか、どう接したらいいのかな、という目で見ていたでしょうね。私自身も、普通の一社員という意識はありません。役割としては店長から与えられた業務をこなすだけですが、いずれ経営者になるわけだから、目のつけどころも自ずと違います。当時、大阪は八店舗を展開していて売上げも好調な地域だったのですが、社長である父の目が届かないこともあって、店長クラスがやりやすい、独特の慣習みたいなものが多かった」

――お父様には、自分の代わりに監視をさせる狙いもあったのでしょうか。

「基本的には現場を学べということだと思いますが、それもあったかもしれません。働くうちに、アルバイトのシフトの組み方とか経費の使い方とか、いずれは改善すべき点が見えてくるわけです。でも、時代の情勢もあって売上げは好調だし、いま口を出すべきではないと、はじめは静観していました。でも、ひとつだけ、どうしても見過ごせない問題が出てきたんですよ。店長が、会社に報告する売上げを操作していたんです。具体的には、実際の金額より少なく報告していることがわかった」

――なぜ、そんなことをする必要があるんですか。

「インセンティブ制度を導入していた影響です。一カ月とか半期とか一年単位で店ごとに目標を設定して、達成できた店には本社から成功報酬がある。達成できなくてもペナルティはないんですが、やはり立場は悪くなっていく。そこで、好調な月の途中で目標の売上げに達すると、以降の売上げをわざと隠して、不調な月に回す。私がいた店の店長は大阪地区の責任者も兼任していて、店舗間でもそういう操作をしていた。目標を超えた店の売上げを、不調な店のほうへ少し回すわけです」

――多くの小売店にPOSシステム（Point of Sale ＝販売時点情報管理）が入り、すべての数字をコンピュータで管理している現在では、ちょっと難しそうですね。

「たしかに時代もあると思います。当時の小売店の多くはまだ、レジの管理もアナログにやっていたわけですが、一方でチェーン展開によって店舗数が増えており、経営者の目が端々に届かなくなっていた。こうした問題は、多くの小売店にあったんじゃないかと思います」

――その店長の操作を悪事といえるか、ちょっと微妙なラインという感じもします。

「そうなんです。隠した売上げを、自分のポケットに入れているわけではない。ただ、隠し方が問題だった。何を隠すかというと、要するに小売店ですからレジにたまった現金ですよね。これを指定の口座に入れず、事務所の金庫にしまっていた。ところが、やがてプールする現金が増えて金庫に入りきらなくなったので、店長が個人口座を作って、そこに預けるようになった」

——その時点では、やっぱり着服、横領になりますね。

「その金額が数百万円にのぼっていることもわかった。私がスパイみたいに潜伏して調べたわけでもないんです。大阪の店長やベテラン社員は全員が知っていて、半ば公然とした慣習になっている。でも、毎月の売上げが正確に記録されないのは問題だし、私はいずれ、彼らを雇用する立場に回るわけです。ここで見て見ぬフリをしたら、容認したことになる。いまのうちに手を着けなくてはダメだと決心して、父に報告しました。売上げ隠しも問題だが、インセンティブ制度を見直すべきだという話をしました」

——でも、それは反発があったでしょう。

「猛反発を受けました。数カ月にわたる論争になり、最終的にはその地区責任者兼任の店長と、彼を慕う従業員が二十人、揃って退社してしまった。予想以上の事態になったというのが正直なところでした。私も、その地区責任者を悪人だとは思っていないんです。大阪地区を長く支えてきた人だし、敬意を払いながら話を進めたかった。しかし、上手くいきませんでした。その人も、新入りの社長の息子が生意気を言いだしたという嫌悪感やプライドが先に立って冷静ではなかったと思いますが、ともかく私としては、やり方に反省はあった。社会人になってまだ一年目で、なにしろ経験が足りなかった、どうしようもなかったという諦めもあるんですが」

――お父様は、社長としてどう対処したのですか。

「私に一任しました。たしかに問題であり改善すべきだが、それで大阪の各店舗が成り立たなくなったら、お前はクビだと言われました」

――厳しいですね。あえて、ということでしょうか。

「どうだったんでしょう。父の側近の役員からも、事が収束しなければ責任を取れと冷たく言われた。私にとっては、嫌な記憶です。会社の今後のために指摘しているのに、なぜバックアップしてくれないのかな、と。父からは後に『あのとき、俺としてはああ言うしかなかったんだ』と弁明されたことがあります。それでも、納得はいかなかったですね」

――二十人の一斉退社というのは、会社にとってどの程度の穴だったんですか。

「当時の全従業員の、約三分の一です。大阪は各店舗の店長、社員がほぼ全員辞めて、入社数カ月の若手など数人が残った状態でした。でも、クヨクヨしても始まらない。店は毎日開けなくてはいけないのだから、やるしかないわけです。一スタッフの立場は捨てて、私が地区責任者のようになって各店舗を巡回しました」

――どのように状況を建て直していったのですか。

「最初は、とにかく状態を維持するだけでした。員数不足という、決定的な問題があるわけですね。全店舗が毎日、定時にオープンすることさえ難しくなっていたので、スタッフのシフトを把握して、手薄な店舗を順番に回りました。各店の商品仕入れ能力も落ちましたから、本部と相談して大阪分の商品は一括で拠点の店舗に入れて、私が移動しながら商品を振り分けていって」

――並行して、新規のスタッフ採用もしていったわけですか。

「そうです。面接も、採用・不採用を一度で即決していくしかない。とにかく人手が足りないので、隣の店の人に頼んで、開店を手伝ってもらったこともありました。来てくれた人が有能だったりすると、こっそり声をかけて引き抜いちゃったり（笑）、ちょっと強引なこともしていましたね」

――そういう期間がどのくらい続いたのですか。

「記憶では、新しいスタッフが徐々に仕事を覚えてくれて、毎朝の各店の巡回を、毎日じゃなくてもいいかなという状態になったのが、三カ月後でしょうか。さらに、新規に採用した人のなかから現場を任せられる人も少しずつ出てきて、状況が整ってきたなと思えるまで、二年かかりました」

——店を撤退させることもなく、事態を切り抜けられた要因はなんでしょうか。

「残ってくれたスタッフ、たびたび応援に来てくれた他地域のベテランスタッフ達の頑張りがありましたが、幸運だったのは、売上げが落ちなかったことです。じつは、定時に店を開けられなかったことも数回あったし、売場がスカスカになっちゃうことはしょっちゅうでした。それでも何とかなったのは、時代状況ですね。いまと比べて、商品は格段に売れていた。私自身がやったことでは、ひとつは新規採用をパートに絞ったので、ベテラン社員を多く雇っていた以前より人件費が減り、利益はむしろ伸びた」

——それは新規採用にあたって方針にしたわけですね。

「売上げが落ちなかったことは嬉しい誤算でしたが、やはり下がると想定していたわけです。どこかを削らない限り赤字になってしまうから、人件費を減らすことは必須でした。そうなると、店の運営も変わります。ベテラン達が経験と阿吽の呼吸でやっていたこれまでの体制ではダメで、新しく入った人がすぐに覚えられるマニュアルが必要になる。しかも予め完成させてから、パートさん達を迎えなくてはいけない」

――どこでも起こりうることだと思います。そうした緊急事態が生じたときの要点は何でしょうか。

「非常時は、即断即決を要する場面がとても多くなります。このときの私の場合は、『明日、あの店のスタッフが足りない』『いま、あの店に商品がない』『この人を採用するかどうか』といった幾つかの課題が常時、目の前にある状態でした。優先順位も常に変動するし、判断ミスをしたらすぐに修正しなくてはいけない。それらをグズグズと迷っていたら終わりだったと思います」

――なかなか難しいことだと思います。

「一貫した理念をひとつ、常に頭におくことが大事です。具体的には、その判断が、利益を生み出すことに繋がっているか。この柱が一本たっていると、優先順位や修正の判断も早くなる。ただ、まだ社会人一年生だった私にとっては、そうした考え方や、問題の全体像を把握する、こうした場合に何をすべきかなどのポイントを掴む、といったことは、やはりＭＢＡで学んだことが活かせたと思いますね」

——リーダー格の店長をはじめ退職した二十人について、いま何を思いますか。

「彼らが辞める結果になったことが正しかったかどうか、いまでもわかりません。私の至らなさは間違いなくあった。でも一方で、避けられないことだったとも思うんです。私が見て見ぬフリをできたら、時間をかけて器用に説得できたら、といった仮の話は意味がない。少なくとも当時の私は、それをできない人間だったわけですから。それと、あくまでもこの一件の背景にはインセンティブ制度があった。私はインセンティブ制度じたいを悪いとは思いませんが、売上げ隠しのような不正行為に繋がってしまっては害悪でしかない。社員や各店舗に競争をさせる会社はいまも多いので、以下に私の考える注意点をまとめておきましょう」

【インセンティブ制度を設ける上での注意点】

1、制度は必ず疲労することを前提とし、実施期間を設定し、修正の余地を残す。

2、業績評価は、短期と長期を織り交ぜたものを考える。

3、従業員がこの制度をプラスに捉えて活用することが、そのまま会社にとってのプラスに繋がるような仕組みづくりを考える。

4、導入によって生じる問題点を可能な限り想定し、発生する被害を最小化するサブルールを設けておく。

Chapter
2

幹部の心得

09

「社長失格」は一発でわかる

「今月の売上高の見込みは?」

「来月の入金額と出金額は?」

この二つの質問に数秒で答えられない社長は、即座に退任すべきかもしれない。トップがこの程度の数字も押さえていないとしたら、会社は危ない。

厳密に一円単位まで知っている必要はない。上の二ケタがいえれば大丈夫だと思う。ただ、前年度の年商を十二で割って、みたいな大雑把なのはもちろんバツである。

・今月、会社はいくらの成果を挙げているか

・その結果、来月にいくら入って来て、一方でいくら払わなくてはいけないか

この二つを常に把握しておいてほしい、という意味だ。

それが意外と難しいんだよ! という反論が聞こえてきそうだ。

たしかに、売上高の確定が難しい業種は多い。

比較していちばんラクなのは、小売店であろう。レジで現金をいただくのが日々の売上げの基本であり、毎日、具体的な結果が出る。天候の影響などいくつかの不確定要素はあるが、地域に定着した店は、わりと日商も安定することが多い。

だが、メーカーなどは問屋や小売店へ卸す取引高が確定しにくく、卸すにあたっての条件もまちまち、ということも多い。そのため、経費など出金のほうはわかるが来月の入金は読みにくい、年間トータルならだいたいの予測はしているが、ということになりやすい。

だが、売上高と入・出金の予定は、なるべくリアルタイムで把握したほうがよい。この二つを知らないと、よほど目立ったミスや誤算が生じた場合でないと、「会社の資金繰りが悪化し始めた」ことを察知するのが難しくなるからだ。

業界慣習や取引方法などが原因で不確定要素が多いときは、すこしでも「たしからしさ」を求めることが必要だ。

ある建設会社の社長も、今月の売上高や入・出金をまったく把握していなかった。

そんなことウチの業界じゃ無理なんだよ、と社長は言う。

たしかに建設業は、ひとつの仕事の受注から作業完了までの期間が、数カ月に及ぶことが多い。入金の時期は契約内容によって様ざまだが、契約時もしくは完了時に、まとめて払われるのが主なケースである。すると、売上げの計上と入金がある一カ月に集中し、実際の作業期間中は入金ゼロとなる。

そこで、年間でこのくらいの仕事をとれば何とか会社が回る、というのを繰り返してきたのだが、受注単価の下落などで年商は徐々に右肩下がりとなっていた。問題は、それをタイムリーに把握していなかったことにある。漠然と新規の取引先を探しているうちに長年の大口取引先を失い、いきなり危機に陥ってしまった。そうなると、最優先事項は売上げ回復に向けた頑張りと、資金調達である。

だが、すでに起きてしまった事態への対応とは別に、今後の対策として社長に簡単なことを提案した。

ひとつの仕事の受注金額を、完了までに費やす月数で割って、各月の売上高として捉えてもらうようにしたのだ。建設業は、現場で何人を雇い、一日にいくら払うといった経費はかなりはっきりしているから、じつはこれだけでも毎月の資金繰り＝いくら入って、いくら出ていく状況にあるのか、が見えやすくなった。

業種や会社によって、その難しさは異なるだろう。だが、この建設会社が低迷に至った過程と原因は、多くの会社にも似たところがないだろうか？

当月の売上高の見込みを把握する、来月の入金額・出金額を把握するというのは、この「緩やかに進み、ある日いきなり加速する」低迷を防ぐための、ひとつのコツとなる。ぜひ、採り入れて欲しい。

業界で慣習となっている取引形態などのせいで確定しにくいという場合は、それこそ意識的に取り組まなくてはいけない。「ウチはそういう業界だから」を言い訳にしているうちにも、あなたの会社の危機は近づいていると思ってほしい。

「たしかになりにくい」のなら、なんとしても「たしからしく」。

これをモットーとしたい。

10 リストラは、まず自分から

社員の解雇、大幅な給与カットといったリストラを行う企業の状態は、いうまでもなく深刻である。これまでの会社運営では利益を確保できず、大胆な再構築をするのがリストラなのだから、よほどの覚悟で臨まなくてはならない。

リストラは、とりわけバブル崩壊後の一九九〇年代に不況を象徴する流行り言葉となったが、いまでは定期的に実施される、経営者のルーチンワークみたいになった。

だが、本質は何ひとつ変わらない。働く一人ひとりにとっては、その対象となるか否かに今後の生活が賭かる。解雇されてしまえば、次の職探しは間違いなく苦戦する。浪人生活が一年ほどで終われればマシな時代だ。仮に再就職できても、大幅な収入ダウンを受け入れなくてはならないケースがほとんどである。

リストラが当たり前になり過ぎて、こうした惨状を招くのだという認識に欠けた経営者が、以前より増えた。

念のためにいうと、私はリストラ肯定派である。

赤字経営を続けながら、全従業員の雇用維持を第一とし、給料を一律で下げるといった措置でしのぐ経営者も多いが、たいてい、一時的な延命策に過ぎない。会社は行政機関ではない。「百人の平等な不幸」より、「九十人の幸せ」をとるべきだ。会社が貧乏になると、社員も貧乏になる、という負のスパイラルが起こる。

私自身も覚悟している。クライアント企業の業績が改善しなければ、いつでも用済みとなるだろう。社員は、リストラの対象とされないよう頑張るしかないし、仮に理不尽な解雇にあっても、負けずに生きてゆく力をつけるしかない。

ただ、個人の戦い方はひとまず置いて、ここでは会社の在り方に話を戻そう。

私がリストラで重視するのは、残される人の士気である。

事例を挙げよう。ある輸入品卸会社の従業員数は五十人。経営者は二代目から三代目へバトンタッチされようとしているところである。社長の子息で三代目となる予定の副社長が運営の実権を握っている。

この副社長は、外車を数台所有し、一人で年に一千万円以上の交際費を使う。しかも、そのほとんどは昔ながらの納入業者との飲み食いだ。さらに、学生時代からの友人を幹部社員にしている。はたから見れば、グダグダ、ヌクヌクという言葉が音になって聞こえてきそうな状態だ。

恒常的な赤字体質があり、これまでに社が築いてきた財産を崩しながらの経営である。その財産もいよいよ底が見えてきたので、リストラを行うことにした。会社の指示、つまり副社長の指示どおりに業績を伸ばせない中堅管理職者を八名、能力不足を理由に退職へ追いやった。

こんな会社で、残された社員はどうなるか？　社内の空気に敏感になる。前向きな仕事をしない者、副社長をやたらと気遣う者、意味のないポジション探しに腐心する者が出てくる。それぞれの根っこにあるのは、次は自分の番ではないか、という怯えだ。

辞めさせられた人達がなぜ追い込まれたのか、納得できる理由を探すが見つからない。縁故で入った社員は残っているし、副社長は相変わらず、無駄な付き合いに経費を使っている。要するに、副社長に気に入られなければお終いなのだ。心の内に不満を抱え、会社への貢献など考えられない社員が多く居座ることになる。

当然の流れである。リストラによって、従業員に対する誠意など微塵もないことがはっきりしたのだ。

この副社長は、社員を切る前にすべきことがあった。自分のとる報酬と、経費の使い方を抜本的に改めること。社員を切るなら、自分の縁故で入れた者が先だ。経営者・幹部の身辺から整理するのが、リストラの原則である。

こうして文章にすると、副社長はまるで極悪な人である。だが、彼の退任を要求するといったことはそうそう起こらない。会社の風土は、すでに彼によって培われている。じつをいうと、その風土は社員にも染みついている。表面上は大きな波風は立たない。

私は、この副社長から「優秀な社員を採用できない、育たない」と悩みを打ち明けられたことがある。彼自身もまた、会社の今後を深刻に考えてはいるのだ。だが、それが他の誰でもない、自分の作った風土のせいであることに気づいていないし、まずは自分自身を問うことから逃げていると言わざるを得ない。

あきれた奴だと思っている、あなた。

あなたによって作られた社内風土は、社員の士気を下げていないか。社員を切る前に、あなた自身のすべきことが山ほどあるのではないか。

リ・ストラクチャリングをやるなら、まず自分から。

会社を守るための絶対法則だと思ってほしい。

11
すべての社員は、去ってゆく

「彼女には期待している」

「彼には、いずれ会社を背負ってほしい」

「あいつは、やればできる奴なんだが……」

経営者や幹部は往々にして、頭角を現し始めた有能な社員に、過度の期待をかける。

たしかに、その人は優秀なのだろう。だが中小・零細企業の場合、真に有能な社員が定年退職するまで一つの会社に勤めることは滅多にない。有能で、そのことを本人も自覚していたら、もっと給料をくれる会社、自分のしたいことを実現できる会社へ移る。もしくは独立するのが自然である。いまは、なおさらその傾向が強くなっているはずだ。

すべての社員は、いずれ去ってゆく。

この会社を最後の最後まで背負うのは、自分ひとり。

苦しい立場を代わってくれる人が現れることなど望まない。

経営者には、この孤独を引き受ける覚悟が必要である。

すべての社員、と書いたのは言葉のままである。

たとえば、与えられた仕事はきっちりこなすが、それ以上の貢献をしてくれるほど積極的ではない、という勤続二十年の社員がいるとしよう。「この仕事は、あの人に任せておけば大丈夫」と重宝される存在である。ひとつの組織に長くいられるだけあって、性格的にも周囲に好かれ、信頼されていることが多い。

だが、一方の現実も見なくてはいけない。

ひとりの社員が仕事のレベルを引き上げないまま二十年やっているとしたら、その人が請け負っているパートは、進化がとまっている可能性もある。もっとも多いのは、パソコンを満足に使えないケースで、にもかかわらず経理や総務など、時代と共に作業の合理化が進んでいる部門で重要な仕事をしていたりする。もちろん、その人の経験値の高さが救いになることもあるのだが、それは会社にノウハウが残されない、きわめて個人的な技術だ。その人がひとつの仕事に従事し続けることで生じている、利益の低減や赤字の可能性もチェックすべきである。

その人が時代の流れに合わせた技能を身につけられないとしたら、やはり会社を停滞させる原因になってしまう。講習に通わせて技能を習得させるといったチャンスは与えるべきだが、場合によっては、引退を考えてもらうことも必要ではないだろうか。

ある程度の人材流動性を保つほうが、いまの時代の経営には合っている。

意欲の旺盛な社員ほど辞めていく一方で、全体的には人材の流動は活発でない、という会社が増えている。長引く不況の影響で生活への不安が増し、多くは転職や独立を決断できなくなっているからだ。中小・零細企業で、十年以上、二十年以上勤めている四十代、五十代で社員が構成され、二十代はほんのわずか、ということはとても多い。

これは、会社が会社として保持・継承すべきノウハウが、ベテランの社員一人ひとりの個人的技能、その人しか使えないワザ、みたいなものにとどまってしまう危険性を孕んでいる。いったんこの社員構成が固まると、よほど意識的に進めない限り、若返りに十年はかかる。なぜなら、そうした会社はそもそも、人材募集をしても若い人がほとんど応募してこないからである。

売上げと利益を得られる仕組みを作るのは、経営者や経営幹部。

それを達成するための駒として働き、給与を得るのが社員。

社員頼みで経営の向上をはかるのは、経営者の甘えでしかない。

12 「一人」「一人」と向き合う

人材は流動するほうが良い、と「11」で書いた。話を裏返すようにきこえるかもしれないが、人材が流動するからこそ、従業員の一人ひとりの個性や特性を、会社は尊重すべきである。

社長にせよ部長クラスにせよ、従業員や直属の部下が増えると、自分の手足の代わりになる、少しラクになる、と考える人がいるが、これはまったくの間違いである。

新たに人を雇ったら、そのぶん業績も向上しなくては利益が減ってしまう。ということは、その人は上司の仕事の一部を肩代わりしていてはいけないのだ。新たに人が加わったら、本来、その部門は売上げを伸ばさなくてはいけない。あるいは、新たな収入源を作らなくてはならない。

そのためには、新戦力の力量や特性に合わせて備えるべき技能を伝え、育てなければならない。必要であれば、新たな技能を身につけるための講習会などに会社が通わせる。経営者や上司は、一年、二年と時間をかけて、その人が力をつけていく過程をサポートしなくてはいけない。最初から何でもできる人なら、上司などいらないのだ。

従業員が増えたら、経営者や部長はさらに大変になると考えるべきなのである。

そして「11」に書いたとおり、その社員は、力をつけ、有能な社員として頭角を現したら、やがて去ってゆく。それが会社というものだ。

だからこそ、その社員と会社はどう向き合ったか、が大事なのである。移籍するにせよ独立するにせよ、辞めた社員が同業種に従事するケースは多い。異業種に移ったとしても、どこかで再び出会うこともある。はなから期待すべきことではないが、真に有能な社員であれば、育ててもらった恩を返してくれる可能性もある。あの頃のように毎月の給料を払っているわけでもないのに、外から売上げ増に寄与してくれるなら有難いことだ。

もちろん、一人ひとりの個性や特性をきちんと見て、育てるのは、会社の事業を動かす駒として機能させるためでもある。

経営のサポートをさせていただいている会社で、私から従業員に転職を勧めたことも何度かある。たとえばある職業紹介会社に入って来た若い人は、応募者を獲得する仕事を与えられていたものの、口下手なこともあって成績が上がらず、本人も悩んでいるようだった。英語が堪能という大きな能力をもっていたのだが、その会社には語学力を必要とする業務がない。そこで、知人を介してインターネット系の会社を紹介した。

この人の場合は、その会社が求める能力と自身の特性が合致していなかったわけだが、このようにわかりやすい事例ばかりではない。

欠勤や遅刻が多く他の社員が穴埋めをしなくてならないことが多い、性格的に問題がありトラブルを起こしやすい、そもそもやる気がまったく感じられない、これをさせれば優れているという長所も見当たらない、などといったケースだ。事例としては、むしろこのほうが多いだろう。

こうしたとき、社長や直属の上司の一存で事実上の解雇を宣告するのは危険だ。

上から見ているだけではわからない、何らかの理由が潜んでいることもある。もし精神的な疾患を抱えているなら休職などを勧める必要もあるし、やる気を殺がれる原因が社内の態勢にあるということも考えられる。それらの問題があるのか、ないのかを理解しないまま上の立場の人間が一方的に判断すると、本人が納得しないだけでなく、他の社員も「次は自分なのではないか」と恐れを抱く。

私がとる手段は、まず社員達にヒヤリングをすることだ。その人と一緒に働いている人達を中心に、どう評価しているかを訊いていく。「あいつを切ろうと思ってるんだけど」などと先入観を与えるような訊き方をしてはいけない。公正な判断をしたいので率直な意見を聴きたい、という意図をわかってもらう。

上司の立場ではわからない事情を知る機会になることもあれば、やはり従業員の間でも評価の低いことがはっきりする場合もある。目安となるのは多数決であろう。一緒に働く人達の半分以上が「あの人は役に立っていない」と思っているならば、少なくともこの会社には合わない、という判断材料にはなる。

本人と一対一で向き合い、理由をきちんと説明し、自主退職や転職を勧める。それでも退職を受け入れない場合は、他の人ができているのに、その人が達成できていないことを課題として与える。その成果を見て、再び話し合いをする。

最低でも半年はかかる。一人を雇用するのは、それだけ重いことなのだ。

13 朝令暮改で、いいんです

年間業績目標、会社の基本方針、数年にわたる長期計画などは、会社運営の根幹をなす最重要事項である。これらのない会社は会社ではない、と断言したい。資金繰りの技術などより、はるかに大切だと思う。

あらたまってこんなことを強調するのは、「業績目標」や「基本方針」を掲げていない中小・零細企業が、かなり多いからだ。あなたの会社は、どうだろう？

目標をもちにくい時代ではある。

何度も書くが、「こうすれば右肩上がりになる」という胸算用が、もはや成り立たない。なんとか踏ん張って、十年後も現状を維持できれば御の字といったところだ。

会社で働く個人も、また同様である。

長寿社会で、定年の延長を求める労働者、それを受容する会社が増える。もちろん、高齢の社員を一様に敬遠すべきではない。豊富な経験が活かされる場面は必ずある。ただ、若手・中堅社員の足かせとなる面が多いのも事実だ。上がつかえていることで、大きな責任を伴う仕事を経験しないまま年を重ねてしまう弊害もある。

こうした時代の〝しかるべき社内風土〟は、とにかく皆で仲良く、というところに落ち着きやすい。ときに陰口をたたき合いながらも、若手は年輩社員を敬い、ベテランは若手に優しく接する。そんな空気を馴れ合いと感じる血気盛んな若手は、会社を飛び出す。平和主義の社員の割合が、ますます高まる。

飛び出す者、居残る者、どちらが良いとか悪いとかは簡単にいえない。しかし、現状維持を望むムードが発生しやすい時代であることはたしかである。

それが実際に現状維持を達成するかといえば、もちろん難しい。会社は仲良しサークルではないのだから、同業他社に負けない競争力がなければ存続できない。また、それを社員個人の能力に依存するようでは、会社の将来は危うい。

「業績目標」や「基本方針」が必須だという理由は、もう一つある。

微妙な差異の選択が求められたとき、指針になるのだ。

仕事をしていれば、誰もが常に選択を迫られる。AとB、どちらにすべきか。さらにC、D……と選択肢の多さに悩まされることもある。

整理して考えれば、ほとんどの事案は難しくない。会社は利益を追求する組織だ。この大前提が念頭にあれば、短期的・長期的に見て利益の出るほう、損失を減らせるほうを選べばよい。消去法で判断できることも多い。

厄介なのは、どちらをとっても利益や損失が発生するが、その大小が読めない、といったときだ。社員は、時間に余裕のあるときは上司に相談し、猶予のない時は各自が経験や感情で判断する。

この時、会社の掲げる「業績目標」や「基本方針」が、大きな支えになるのだ。

また、会社として統一された目標を掲げていると、社員一人ひとりが重要な局面を迎えた時に、理屈を超えたやる気を発揮することにも繋がる。これは、生き残る会社が備えている条件である。

もちろん、いまの時代に経営者や幹部が目標を公言するのは、大変なことだ。掲げた以上、その目標が達成されなければ責任が問われる。いかなる事情があろうと、社員のせいにはできない。

そこで言いたいのが、「朝令暮改をおそれない」ということだ。

社員の習熟度や、景況、顧客、同業他社などの動向によって、目標は変わる可能性がある。それを、社員にも理解してもらう必要がある。そのうえで、「いま我が社にとって外せないこと」「今年の我が社が成し遂げたいこと」は、常に掲げることが大事なのである。

私の父の鞄店は、「キャリアウーマンの生活を豊かにする」という理想を掲げていた。

一見すると、何ということもない、ありふれた標語だ。実際に達成できていたかといえば、心許ないところもある。だが振り返ると、この言葉は多くの場面で機能していた。店長が新商品を仕入れるか否かを迷ったとき、新商品のデザインを募集したとき、従業員を採用するとき……など、微妙な差異のある物事を判断するときに、この理想は私を含めた担当者の意思決定に、一貫性を与えていた。

あの理想には意義があった――と気づいたのは、恥ずかしながら経営サポートの仕事をするようになってからである。多くの会社には、そもそも目標や指針がなかった。そうした会社は、社員の行動と会社の利益が乖離したり、社員が社内権力者の顔色ばかりをうかがうといった事態に陥りやすい。

最後に「ただのお飾りでは意味がない」ことも付け加えておこう。

掲げた以上、目標や指針は強い力を持つ。経営者や幹部がそれに反する行動をとった場合は、社員から是正を求められるくらいの絶対のものでなくては駄目だ。

14 決定した者から動け

ある会社のサポートをさせていただくことになった、初日のこと。

オフィスのなかで目にとまったのが、営業部長の机の脇に積まれた日報の束であった。五人の営業部員が全員、毎日、提出しているものだという。

記入されているのは、訪問先、対応してくれた担当者、注文を受けた商品と数。備考欄に、その取引先の近況などが一言か二言。右上に、部長の認め印が押してある。

私は営業部長に尋ねた。

――この日報は、いつ始めましたか?

「もう二十年になりますかね。倉庫に、過去の日報も全部とってありますよ」

――これをやろう、と言いだしたのは?

「たぶん当時の、先代の社長だと思います」

――あなたも、以前は書いておられた?

「もちろんです。面倒なときもありましたねえ」

――先代の社長が書かれた、見本の日報などはありませんか？

「そんなの、ないですよ。社員が、部長や社長に報告するためのものですから」

――明日から、日報はやめましょう。

「えっ？」

――今日からでもいいですが。

「でも、それぞれの営業担当の行動記録にもなっているし、いちおう会議の資料にすることもあるんですが」

――会議では、この日報の情報がかなり役に立っているのですか？

「いや、そう言われると……」

――では部長が、部員の方々に本当にあげてほしい情報などを書き込めるような仕様に作り直してください。新しい日報のヒナ型ができたら、まずは部長が最初の日報を書いて、皆さんに配ってください。それを、何日か続けてください。

……私は気が弱いので、実際はこんなにズバズバと斬り込んだのではない。社長や部長、営業部員の方々と話しながら、折を見てポツリポツリと意見し、最後のセリフを言うのに一カ月ほどはかかったと理解していただければ正確である。

会社内には、決め事として長く継続されているが、形ばかりで意味を失ったルーチンワークがじつに多い。これは、不要なコストにもなっているし、社員の働く意欲をそぐ原因にもなっている。なぜ始めたか、という当初の動機が継承されていないから、なぜ必要なのか、を誰もわかっていないのである。

社内にはびこる、ルールの形骸化。

これを防ぐ始まりとなるのが「決定した者が先陣を切る」だ。

社運をかけた一大プロジェクトでも、「トイレは各自が持ち回りで清掃しよう」といった新しい約束事でも、同じだ。社長が「営業部員は日報を提出する」と決めたなら、第一号の日報は、社長が書くのである。

なにかのノウハウ書を読んで「ウチでもこれをやってみよう」と思ったにせよ、根拠もなくふと思いついたにせよ、言いだした人、決定した人には、それを「良い」と直感した理由がある。ただ、その理由は本人にとっても、すぐに周囲がついていけるほど明確ではないことが多い。

だから、まずはその人がやるのだ。実際にやろうとすると、たいていは当初の思いつきのままにはならない。できない部分もあることがわかったり、さらに良いアイデアが生まれることもある。その過程を経て、「なぜ必要なのか」という理由も、やっとはっきりしてくるのである。

社員にとってかっこうの手本となるような、万全の結果を出す必要はない。それを実際に自分の仕事にしなくてはならない社員達に「もっとこうしたほうがいい」「こういうふうになら自分もやれる」と考えてもらうことのほうが大事なのだ。

では、社員から「会社はこういうことをやるべきだ」という提案があった場合はどうするか。たとえば、「営業部員は日報を出すべきだ」と意見が出たら?

基本的には同じだ。本来は、その社員がやってみるのが一番いい。

ただ、ゴーサインを出すのが部長や社長である以上、責任をもつのは上司だ。言いだしっぺである以上は責任が伴うとなると、多くの社員は意見を言わなくなる(責任をとる覚悟で意見を言える社員は、いわゆる独立するタイプである→「11」参照)。

社員が、自分とは直接関わりのない部署や業務について改善提案をする、という場合もある。意見を述べるだけで、自分でやるつもりはない、というパターンだ。これも、口先だけの社員だと頭から否定せず、意見を精査する必要はある。具体的なイメージもなく言い放っているようで、外から見ているだけに的を射ている場合もある。

冷静に見て必要ならば、やはり上司がやってみせるべきだろう。

上司は断を下す、部下は動く、という役割分担の時代ではない。経営者はプレイングマネジャーであることが自然な時代だ。

「トイレは全員が持ち回りで掃除する」と決めたら、まずは当面、社長がやる。何時頃にやるのが合理的か、どんな洗剤やスポンジが会社のトイレに合っているかを、社長自らが社員に教えられる。それが一番、企業の文化として根づくのである。

わたしはどこまで行けば倒産するかを知っています②

泥沼の新規出店

——家業の鞄店に入社した一年目から、二十人もの社員の一斉離脱という困難に直面したわけですが、それを乗り切ったことで、いったんは安定した日々に……？

「とは、いきませんでした。大阪の状況が落ち着いたのは一九九三年頃でしたが、今度は各店の売上げが恒常的に下がり始めて、リストラなどを考えざるを得なくなった」

——一九八九年に三パーセントで導入された消費税の税率アップが議論されていたり（＝一九九七年に五パーセントに変更された）、消費者の買い控えなど、平成不況といわれる状態が本格化していく頃ですね。

「経済情勢を言い訳にする会社はダメですが、それと無縁でいられないことは事実です。私のいた鞄店も、まずは消費の低迷が大きかった。そこに対応する準備ができていなかったということだと思います」

——梶田さんの社内での役割は、変化していったのですか。

「大阪地区だけでなく、九州や中国も含めた、東京の本社から離れた地域全般を巡回するようになりました。おもに不採算の店舗を見ていくわけです。低迷の原因をつかみ、改善策を立てて、建て直すところまでもっていく。撤退するしかない店もあって、その処理をしたり」

――広範囲の移動は大変だったのでは。

「私個人はあちこち旅するのが好きだからいいんですが、無駄な経費が発生していたのは問題だったと思います。当時はもう全体で三十店舗程度に減っていましたが、そのわりに展開地域が広すぎた。私が一日に回れる店舗も限られるわけです」

――一般に、チェーン展開はドミナント出店が基本だといわれてきました。同一の地域や沿線に出店を集中して、まずはその商圏のシェアを獲得していく。商品やスタッフの店舗間移動も効率的にできる。

「ドミナントは定石として大事です。父は出店の誘いがあると、立地や目先の好条件につられてポンと決めてしまうことがよくあった。私が家業に入ったのは、その弊害が本格化し始めた頃だったといえます。そもそも、支店をあちこちに出すというチェーン展開じたいを、根本から見直すべき時期だったと思う。ダメなら閉じて、次の新規店で挽回を図るというのを繰り返すのは、非常に危ない。店というのは、閉じるときも多大な経費が発生するわけです。せっかく雇ったスタッフにも辞めてもらわなくてはいけない。従業員の雇用と切り捨てを安易におこなう会社は、お客様からも軽んじられます」

――出店と退店の多い小売チェーン、それと同様の発想で事業を展開する企業は、いまも多いですよね。このままではマズイとわかっているけれども事情が重なってやめられない、という経営者も多いと思いますが。

「マズイとわかっているのにやめられないのだとしたら、その会社はもう危ないと思ったほうがいいでしょうね。気づいた時点で修正する態勢のない経営者は、継続の可能性は低いです。失敗は誰にでもある。そのときに問題点をすぐに修正できれば、かなりのところまでフォローできる。とくに出店に関しては、一度失敗した会社は、次の出店も失敗する危険性が高いと考えるべきです。発生した赤字は、既存店の頑張りで少しずつ取り戻す。そういう辛抱強さが必要だと思います」

「赤字店再建」の第一要件

――不採算店舗を巡回する日々も、まさに問題点の修正の繰り返しだったわけですね。

「とくに業績の厳しい支店に数日から一週間ほど滞在して改善策を店長と話し合い、道筋がついたら次の店へ移る、というのを繰り返していました。ウィークリーマンションを借りて、もっと長く滞在することも多かった。どうしても改善の見込みのない店は閉じるしかないのですが、そこには優秀なスタッフもいるのに、次に赴任してもらう店舗がない。広い範囲に出店していた弊害は、このあたりにもありました」

――梶田さんとしては、いずれ自分が社長になる時を見据えた判断もあったでしょうね。

「そうですね。自分が上になったとき、この地域にいてくれたら心強いなと思うスタッフにも辞めてもらうしかないケースもあって、まさに断腸の思いでした」

――不採算店を建て直すうえで要点にしたことは。

「イロハの『イ』になりますが、在庫の見直しです。売れる商品を的確に補充し、売れない商品を外していく。業績を落としている店の多くは、この循環が上手くできず、無駄な在庫を抱えています。これを改善するだけで回復していく店もあります。それがすべてではないですが、まずはこの部分を整えないと、建て直しは始まらない」

――当時も、まだPOSシステムは導入していない？

「大手の小売店には入り始めていたし重要性も認められていましたが、まだ中小企業には浸透していなかった。導入費用がバカみたいに高かったですよ。入れたほうがラクなんですが、費用対効果を考えるとあきらめざるを得なかったんです。それでも、まずは『在庫管理は重要だ』と店長に認識してもらう必要がありました。上位売上（＝売行き好調銘柄）と下位在庫（＝動きの悪い商品）を具体的に把握すること、上位売上は品切れによる販売機会のロスを避けること、下位在庫は返品や値引き販売で在庫を減らし、新たな商品と入れ替えて売場のリフレッシュを図ること、それらの方策を常に考え、準備しておくことを、店長と私が共有できる態勢を目指しました」

店長は「経営者」か？

――店長にも一店舗の経営者としての自覚を求める、ということでしょうか。

「いや、話が矛盾するようですが、そこは難しいテーマです。たしかにそのほうがラクですが、単純に『社員も経営者の視点をもて』というのは、私は非現実的だと思っています。なぜかというと、その部分で当時の私は失敗をしてるんですよ。在庫管理がうまくできていない店には、日・週・月単位で単品ごとの販売数と在庫を記入するオリジナルのシートを作り、本部に提出してもらっていたのですが、それを始めてしばらくしたら、店を辞めてしまった女性の店長がいて」

――その作業はやりたくない、ということですか。

「彼女は辞めるとき、そうは言わなかったんです。ただ、そうではないかと気になったものですから、後になって彼女に会いに行って、話を聞いてみたんですね。辞めた理由は他にもあったのですが、たしかにそれも苦痛でしかなかった、ということでした。とても真面目な人だったので、毎日の閉店後の残業時間を増やして、シートへの記入と報告も一生懸命やってくれていた。ところが、本部からは『この商品はもっと入れろ』『これは返せ』といった指示があるだけで、心身の疲労がたまっていく。接客がとても上手い人で、彼女についていたお客様も多かった。本人もそこにやりがいを見出していたんですが、作業負担が増えたことで意欲を失っていった」

――現場の仕事をできる人が店長などの中間管理職に昇格するケースは、きわめて一般的ですよね。会社で働く以上、そういう人が越えなくてはならない壁なのだろうとは思いますが。

「だから頑張れ、というのは簡単ですが、適性を見る必要もあると思います。在庫管理というのは、おっしゃるとおり事実上、その店を経営することに近づきます。ところが現場で一人ひとりのお客様と接し、気持ち良く商品を買っていただくという仕事は、また別の職能であることもたしかなわけです。この両方を、すべての優れた社員に求めることは、必ずしも得策ではない」

――目的は、店の業績が好転することであって、社員が苦痛に耐え、管理職者として力をつけていくことではない。

「そうです。現場のできる社員だから管理職にするという、現在も続く昇格の一般的傾向が、本来の目的から外れてしまう危険を孕んでいることは、考慮しておいた方がいいと思います。私の場合も、要は不採算店が在庫を管理できて、建て直せればいいわけです。もっと効率的に、短時間でできるマニュアルを作成してから彼女に預けるとか、いくつかの方法があったはずでした。それからは、店長の特性を見ながら在庫管理の方法を変えるようにしました。店によっては、私が自らやったりして」

――店長が一店舗を経営する意識まであるのが理想だけど、なかなかそうはいかない、個別に見たほうがいいと。

「いや、さっき『社員も経営者の視点をもて』というのは非現実的だ、と言いましたが、私はそもそも、社員にそういう態度を求めるのは会社側の甘えだ、と思うわけです。まず第一に、経営者の視点を備えた社員は、十人中十人、独立か転職をします（笑）。いまの会社はステップだと考えている。もちろん、そういう野心をもった社員もいていいんです。ステップと考えているからこそ、在籍中に活躍してくれる部分もあるでしょう。経営者としては、そういう社員に『独立するよりこの会社で頑張ろう』と思ってもらえる努力は必要かもしれませんが、同時に、遠からず会社を出ていく人だということもわかっておくべきです。それに、実際のところ優秀な社員が経営者の視点をもったら、多くの経営者、経営幹部は困ると思いますよ」

――会社の弱点、経営者の問題点が具体的にわかっているし、いつ自分の座を奪われるかわからない。

「独立なんて考えていない人のほうが、長い目でみれば役に立ってくれる可能性がある。社員も経営を担う一員なんだ、と激励するくらいであれば、いいと思いますね」

――辞めてしまった女性店長などは、まさにそういう人だったわけですね。

「そうです。だから、私の過ちとしていまも心に残っている。独立なんて考えていないけれど、会社や店のために一生懸命やってくれる人だった。経営者サイドは、それだけでもラッキーだと捉えるべきです。実際の業務内容まで、そこを期待してはいけない。経営者の視点がない社員はダメだと考える経営者、経営陣は、むしろ自分の役割を押しつけているわけで、やはり危ういと思います。ほんとに経営者の視点が必要な社員は、全体のなかの一人か二人でじゅうぶん。その会社の、次の経営をやってもらう人ですよね」

――そうした現場回りの期間は、何年間つづいたのですか。

「一九九三年頃から、父の借金の問題が表面化した一九九八年頃まで、五年ほどでしょうか」

――その間を振り返って、成果はいかがでしたか。

「売上げが下降していくなかでの取り組みですから、悪戦苦闘の日々ですよね。私個人でいえば、そうした現場回り……東京の自宅に帰る日は半分もないくらいで家賃が無駄だなと思っていましたが、それぞれの現場で個別の解決策を探していく、MBAで学んだ理論を実践に振り替えていく経験だったと思います。さっきの在庫管理も、理論上では絶対不可欠なわけですが、POSを入れる資金がないとか、店長にやってもらうにも適性があるとか、やるとなれば様ざまな障壁がある。でも、だから無理だと放置していたら、取り返しのつかないことになっていたと思います」

――在庫管理をきちんとやる、という部分は動かさないわけですね。

「いくつかの方策をとりまして、ひとつがメーカーの協力を得ることでした。とくに安価な売れ筋商品を出していたところを中心に、各社の商品を営業の人達に自分で管理してもらう。数字を直接みて、追加のタイミングなども判断してもらったわけです。そうやって周囲にも深く関わってもらうことで、返品したい商品を新商品と取り換えるといった交渉もして、店頭のリフレッシュに利用していった。自分の力に限界があるときは、利害を共有できる周りと作業を共有することが大事です。現場を体験するなかで掴んでいったことのひとつでした」

——そうして現場をなんとかもたせていたものの、経営危機が表面化してしまったわけですね。

フタを開けたら瀬戸際にいた

「一九九八年も終わりの頃でしたが、ある日、会社の経理担当者が私のところへ来ました。金融機関との新しい取引にあたって私を連帯保証人にする必要があるので、ここに実印がほしい、と契約書を差し出してきた。『安定化資金』を利用して、新たに五千万円の融資を受けるという内容でした」

――「安定化資金」の正式名称は「中小企業金融安定化特別保証制度」、この一九九八年に始まった、新しい政策ですね。「中小企業の経営を円滑な融資によって支援する」というのが主旨で、おもに各都道府県に設置された信用保証協会が、一般とは別枠で保証することで、金融機関から無担保で新たな融資を受けられる。

「そうです。もちろん、本人の連帯保証は必要ですけども」

――当時は三洋証券、山一證券が倒産するなど、日本経済の低迷、破綻が深刻さを増していた。銀行が債権未回収のリスクを避けて融資を拒否する「貸し渋り」が流行語となったのも、この一九九八年でした。「安定化資金」は、そうした経済状況や世相を打開する一策として打ち出された……ざっと、こんな説明でよいでしょうか。

「そうですね。私からは、銀行による『貸し剥がし』に利用されるケースも多かった、という話を付け加えておきます。資金繰りに行き詰った企業に、銀行が無理だとわかっていて返済を迫る。返せないのなら、と『安定化資金』を利用した新規の借入れを勧める。

これには、やはり背景があります。バブル崩壊後に不動産価格が著しく下落した。銀行が融資をするにあたって担保となるのは不動産が多いですから、いわゆる担保割れ貸付となる案件が大量に発生したわけです。当時の銀行は、とにかくこれを極力減らす必要があった。従来のズルズルとした関係から、『安定化資金』を利用した新規の借入れに切り替えさせることで、最悪の場合、つまり企業が倒産しても信用保証協会が保証してくれますから、不良債権になるリスクを免れる。

なぜこのことを付け加えるかというと、まさに父も、銀行の勧めで『安定化資金』に手を出したからなんです。その話に食いついたというか、食わされたわけですね」

――捺印を求められた瞬間は、何を思いましたか。

「もちろん、不信感を抱きました。借主の名義は会社、連帯保証人が父と私。そういう契約書がすでに、私が署名と捺印をすれば完了する段階まで作成されている。きちんとした返済計画があっての借金なのか、なぜ経理担当者がこんなに急いでいるのか、そもそも父はなぜ、こんな重大なことを私に直接言わず、経理担当を介して伝えてくるのか……。なにか深刻な事態が、知らないところで進行しているのかなと」

――「ちょっと待ってくれ、これはなんだ」と。

「なぜか、それができなかったんです。社長の命を受けて来ている経理のこわばった顔を前にして、ともかくハンコは押したんですね。急を要するんだな、話は後だな、と。考えたら、このときに拒否しておけばよかった。失敗したらすぐに修正する態勢をとっておくことが大事だとさっき言ったばかりですが、これは修正できないミスでした（笑）」

――間違いだとわかっているほうをなぜか選んでしまうということは、誰にでもあるものだと思います。

「いまも、そのときの自分の判断をきちんと説明できないんですが。それからまもなくして、『話がある』と実家へ呼ばれました。行ってみると母は泣いているし、隣にいる父も目を真っ赤にしている。『このままいけば、ウチはあと二週間でつぶれる』と言われて」

――お父様としては、すでに瀬戸際に立っていたわけですね。

「問い詰めていくうちに少しずつわかったのですが、先に話したとおり、父はそれまで出店などに失敗しては借金を膨らませていて、手詰まりになると母の実家の資産を切り崩して返済に充てていた」

――そうした内情を、梶田さんはこの段階で初めて知ったわけですか。

「恥ずかしながら、事実上そういうことです。もちろん毎年の決算は見ていましたし、現場を回っていても会社が不振に陥っていることはわかるわけですが、資金繰りについては父が独占していたこともあって、首を突っ込むのを躊躇していた。あらためて経理の内情を見たら、かなりずさんにやっていたことがわかったんです。もっとも、実態が赤字続きの会社というのは、もう赤字を埋めることだけが目的になっていきますから、ずさんにならざるをえないともいえるわけですが」

――赤字を埋めるだけというのは、会社の資金繰りはどんな状態になっていたのですか。

「借りたお金は、月々の返済をするしかないですよね。でも、事業からあがる利益では返済にしかお金を回せない。それで、表面上は黒字になっているかのように見える帳簿を作って、またお金を借りる。隠した赤字が、年々膨らんでいたというわけです。ただ、金融機関だってそんなことはわかっていますし、そんな会社を信用できないのは当然なんですね。事業収益も伸びていないわけですから。そうしてメインバンクから、いよいよ金は貸せないと言われてしまった。ところが、借りられなければその月の支払いがすべて滞るほど、ニッチもサッチもいかない段階に来ていたわけです」

――お父様はなぜ、その段階まで梶田さんに黙っていたのでしょうか。

「想像するに、プライドが邪魔して言えなかったんだと思います。父は見栄っ張りで、自分を大きく見せたがるところがあった。もうひとつは、公表できない帳簿の操作をしていたせいもあったんでしょう。負債の詳細をなかなか見せないのでしつこく食い下がると、帳簿に表れない、いわゆる〝隠れ負債〟が五億円ほどあることもわかりました。それをごまかすために、在庫金額を書き替えたり、実際は赤字なのに利益が出ているように見せかけたり、ということを何年も続けていた」

――それでも、それまでは銀行の融資を受けられたわけですね。

「すでに、赤字に陥れば即刻、銀行は貸付停止の時代です。よく騙せたもんだ、親父すごいなと、内心ではヘンな感心もしちゃいました（笑）。でも内実を知るほど、怒りが大きくなっていきましたよね。たとえば、そういう経営実態を抱えながら、当時の父は年に二千万円の役員報酬をとっていた。父の側近をしていた役員や古参社員のなかにも、かなりの高額をとっている人が数人いた。この頃、決算における毎年の赤字は二千万円から四千万円。父と、その数人の取り分を大幅に削るだけでも、赤字は補填できていたわけですよ」

――各地で店舗の閉鎖と従業員の解雇にあたっていた梶田さんとしては、やりきれない気持ちがしたでしょうね。

「情けなかったし、辞めてもらった人たちに申し訳なかった。当時は私も取締役になっていましたが、年収は四百五十万円でした。でも、事業の縮小を進めている現状では仕方がないと思ってきたわけです。いちばんの責任はもちろん父にありますが、側近の人間違も、自分の収入を守るために、わかっていながら目をつぶっていたのは明らかだった。もっとも、いまこうやって振り返ると、私自身もまた、現実から目を背けていたんだと思います」

——こうなることを予感していないわけでもなかった?

「おかしいな、大丈夫なのかな、とは思っていたわけですね。父が堅実さに欠けていることは早くからわかっていたし、実際に出店の失敗をいくつも目の当たりにしている。本社にいることは少なかったけど、側近たちがイエスマンで、父に忠告する人がそばにいないことも気になっていた。それらの問題を横目に見ながら、自分の役割に没頭することで忘れようとしていたところがあった。でも、会社を継ぐ息子ですからね。誰よりも着手しなくてはいけない立場だった」

——もっと早い段階で手を打っていれば、という後悔があるのですね。もっとも、これもまた中小・零細企業にはよくあるケースではないでしょうか。

「そうなんです。実際にコンサルタントになって、裏をつつくと父と似たことをやっている経営者に、何人も出会いました。この一件から申し上げたいのは、会社は財務をガラス張りにしておくべきだ、ということです。最低でも信頼できる数人には、完全に公開している状態を保ったほうがいい。経営者が自らを律するためです。カネの使い方というのは、ある意味ではその人の品性や実力がいちばん表れてしまう。だからこそ、他人に監視してもらうべきなんです。間違った使い方、みっともない使い方をしないように」

――それは、**会社経営に限らず個人の生活にも当てはまる話ですね。**

「もちろん、公開する相手は無責任なイエスマンではダメです。耳の痛いことも言ってくれる人、あるいは自分が失敗したら迷惑を直接かけてしまう人がいい。破綻を避けるコツの一つだと思います」

Chapter
3

組織力のつくり方

15 常に社内の〝異常〟を探せ

ここでいう「異常」とは、会社内では「常識」として定着しているが、実際にはひたすら無駄なコストを発生させているものを指す。

ある会社は、三年前に民事再生法の適用を受けたこともあり、実質的な経営者は変わっていないのだが、名目上、代表取締役には新たに別の人物を立てていた。

一度は倒産した会社が経営者を変えないのは、なにかと体裁が悪い。債権者である取引先や銀行に対しても、顔を向けにくい。そこで、形だけとはいえ代表の名前を変えることにしたわけだ。

問題は、この名ばかりの代表取締役に、会社が毎月三十万円の役員報酬を払っていたことだ。一年で三百六十万円、この代表がいることで発生するその他の経費も合わせると、総額で約五百万円がかかっていた。

特殊な事情があるのだから仕方がない、年間五百万円は必要経費……そう決めてかかってしまっているから、民事再生中の会社が年間五百万円もの人件費の無駄遣いをしているなんて考えられない、という当然のことに気づかない。

民事再生中は社長を替えなくてはいけない、というルールはどこにもない。会社によって事情は様ざまだし、最初のうちはやむを得ないということもあるかもしれないが、いまも前社長が陣頭指揮をとっていることは、取引先だって知っている。その代表取締役を置いていることは、会社になんの得ももたらしていないのである。

この「名ばかり社長」には外れてもらい、元の経営者が社長に戻っても対外的なことが円滑に進む手立てを考えたほうがよいのだ。

このように具体的な金額でわかるようなものだけでなく、たとえば一般には〝善〟とされているような習慣を、一から見直してみることも必要だ。

「すべての従業員を大切にする」という方針を掲げている会社があった。

その会社では、経営者や幹部が従業員の一人ひとりと対話をする場を定期的に設け、不満や要望があれば解決する方法を考える。

方法や程度に違いはあっても、こうした姿勢を大事に考える会社はわりと多い。素晴らしいことではあるが、その反面、働きの悪い社員、いつまでたってもミスの多いアルバイトまでを一人前のおとなとして尊重し、彼らの主張に耳を傾け、「文句を言う前にきちんと働け」という本音をぐっと呑み込んでいることも少なくない。

はっきりいって、これは時間というコストの無駄だ。会社の経営は、時間の無駄は金銭的コストに繋がる。

募集に対して求職者が少なかった時代は、社員一人、従業員一人をいかに確保するかが第一だった。すぐに辞めてしまわないよう、一人ひとりの待遇面での不満などに耳を傾ける必要もあった。これはたしかに、せっかく確保した労働力を失わない、つまりはコストを無駄にしないことにつながっていたかもしれない。

しかし、いまは求職者が世に溢れている時代だ。率直にいえば、働きの悪い社員、ミスの多すぎるアルバイトには早々に辞めてもらい、人材の流動性を高める仕組みに切り替えたほうが賢明である。

あなたの会社で慣習となっていること、毎月の慣習となっている支払いなどを、一度、全面的に洗い直してみてほしい。また、それは定期的に行ったほうがよい。

あなたの会社に巣食う「異常」は、必ず見つかるはずだ。

16 治療は根っこから

「営業のHというのがいて、毎年、赤字を出すんだよ。彼を切りたいんだけど、話をどう進めたらいいかな？」

あるソフトウェア会社の社長は、そこから話を始めた。

毎年のように赤字を出している状態から抜け出したい。そこで、赤字を出す営業部員を切ることから着手する。こういう思考回路をもつ社長は、けっこう多い。

社長と面談を重ね、Hさんや他の社員とも交流するうちに、個別の問題と全体的な問題の両方が見えてくる。

Hさんは、仕事の受注件数・金額は、六人いる営業部員のなかで上位にいる。だが、作業を依頼する下請けのソフトウェアハウスへの発注金額も高くなり、その仕事が結局は赤字になる、ということを繰り返している。取引先の評判は悪くないが、社内での評価はあまり高くない。問題が生じたときに上司への報告を怠る、不満があると露骨な態度で示すなど、協調性に欠けるところがある。

だが、すこし離れた立場で内部を見させてもらっていれば、すぐにわかる。Hさんを切ったところで問題は解決しない。

まず、営業部員が確実に利益を出せる受注と発注のノウハウが、この会社には構築されていない。各自が我流で体得するのが長年の習慣になっている。Hさんのような赤字体質の営業部員が出てくる可能性は、常に起こりうる状態にあるのだ。

そもそもHさん一人が出している赤字は、経営上はさほど問題ではない。

Hさんが発生させている赤字は、多い年で三百万円。ところが会社全体の赤字は毎年、二千万円から三千万円にのぼっている。各営業部員の様子を見ていると、部長や社長との関係は良いが、仕事に積極的とはいえない者が複数いる。彼らは赤字を出さないが、受注金額も低い。目立ったことをして上司に怒られたくない、という意識のほうが強い。

Hさんと彼らのどちらを評価すべきかは単純に言いきれないところもあるが、Hさんを切りたい、という社長の意向は、たんに「可愛げがなくて気に入らない」という感情に端を発しているようにも見える。

そして、赤字を生む最大の直接要因は、やはり役員報酬だった。社長が、年に千五百万円もとっている。他の役員や幹部の報酬・給与にも着手すれば、とりあえず目の前の赤字は解消される可能性が高い。

高額の報酬を取るなと言いたいのではない。利益が出るようになったら、存分に取ればいい。だが、赤字体質を解決しなかったツケは、必ず自分に回ってくる。気づけば会社を引き渡せる相手はおらず、資金繰りに苦しんだまま墓場まで持ってゆくか、息子に苦労を背負わせるか、ということになる。

このソフトウェア会社と同様のケースは、とても多いのではないか。経営不振の要因は、いつも抜本的なところにあるのだ。

だが、こういうとき私は、「社長さん、まず、あなたの取り分を半分にすることです。生活を変えなさい」などと即座に直言はしない。

したいのだが、できない。いきなりハッキリ言ったら、相手は怒りだすからである。信頼関係のない相手に急所を突かれると、多くの人は拒絶反応を示す。頭の中で、自分を肯定する言葉と相手を否定する言葉を探し、さらに自分のやり方を押し通そうとする。

だから、何度も会い、話を聞き、支払いが滞っている取引先との交渉も代行し、その取引先まで巻き込みながら、問題の根元に少しずつ気づいてもらう。そのうえで、どうすべきかを社長が訊いてくれるまで待つ。そのほうが提案を素直に聞き入れてもらえるし、感謝もされる。

基本的には、お付き合いする期間が長くなるほど、コンサルタントは仕事になる。こちらとしては、ありがたいことかもしれない。だが、社長がもっと早くその態勢に入ってくれていれば、解決への道も早い。

もともと実現したいのは、「赤字を出さない会社」＝「つぶれない会社」である。その仕組みづくりに集中していれば、一介の社員に赤字の原因がある、などという考えは起きない。個人に原因をもとめるならば、まずは誰よりも、全体の舵取りをしている社長だ。実際のところ、数字上もそれが明らかであることは多い。だが、他人が「治療は根っこからやれ」と直接言うのは、じつに難しい。

あなたの周りにいる人は、あなたの会社の根本的な問題が見えている。でも、言わない。言えない。これを、経営者・幹部は心にとどめておこう。自らそこに斬り込む意識をもったときだけ、周囲はその方法を進言してくれる。

17 経営内情を隠すな

会社はこの先も続くのか、自分の生活はどうなるのか……業績が停滞、低迷しているときは、経営者も社員も、心の奥で常に不安を抱えている。

毎年の右肩上がりが前提だった時代も、経営者は安心などしていられなかっただろうし、社員には不満があっただろう。だが、右肩上がりの前提がなくなった現代の社会人の心理は、当時とはまったく違うものになっていると思う。

そうした時代の経営者に不可欠なのが、経営情報を公開する姿勢である。

なにを公開すべきか？　原則をいえば「すべて」だ。ここまでは見せる、ここからは見せない、という中途半端な態度は、ほんとうのディスクローズではない。むしろ、「まだ隠しているものがある」という印象のほうが強くなる。

社員はもちろん、アルバイトであっても、売上げや利益など決算の概況は知っていてよいし、もっと詳しく知りたければ、損益計算書や貸借対照表も見られるほうが良い。できれば社長や取締役の役員報酬も公開すべきだと思う。

それらを社員に公開する最大のメリットは、危機意識の共有である。

不振が続く会社の社長の多くは、社員が動いてくれない、ウチがいま大変な状況にあることをわかっていない、と愚痴をこぼす。

「社員の皆さんは、会社の状況をどこまで知っているのですか」と尋ねて、数字をきちんと見せている、という社長は稀だ。「ちょっと考えれば、わかると思うんだよ」といった答えが大半である。

たしかに社員だって、なんとなくはわかっている。「たぶん赤字だ」「ギリギリで黒字を維持しているのかな」「うちの会社はどうなってしまうんだろう」と。

だが、伝わってくる雰囲気からぼんやりと想像だけしているのと、リアルな数字を知っているのとでは、行動が違ってくる。社員が漠然と「もっと頑張らなくてはいけないようだ」と考えた場合と、「自分はあといくら売らなくてはいけない」と具体的に理解した場合で、結果には雲泥の差が出る。あと一つ多く売ろう、営業を二人増やしてほしい、部下のあいつをこれから半年で一人前にしなくては……共有している情報の量や内容によって、思考の具体性や判断力も変わってくるのである。

危機意識が具体的に共有されると、社内における議論の質も変化する。結局は何もしない方向へ結論をもっていきたがる事なかれ主義の声より、「このように改善しよう」という積極的な声に、皆が耳を傾けるようになる。これは、〝現状維持で良い〟という姿勢が通用しない現代の会社経営には、とても大事だ。

情報共有を徹底していない会社は、これとは正反対である。停滞・低迷期に陥ると、社員は必ずといっていいほど、意味のない原因探しをする。

いちばんの標的は社長だ。具体的な情報が不足しているから、ぼんやりとした印象だけを頼りに「社長は無能だ」と陰で言いあう。社長や経営幹部の何気ない一言を大げさに捉え、憶測でモノを言う。事態を正面から打開する空気は生まれず、会議の場でも意見を出さなくなる。自分自身も低迷の一因である、まずは自分が頑張ろう、という認識に至らないのだ。

これらを、時間をかけて説明し、だから情報は公開しましょう、と経営者に提案すると、多くの場合、理解してくれる。誰にも言えないような帳簿の操作でもしていない限り、「むしろ知ってほしいくらいだ」と言う。だが、「知らせてもいいが、社員に外でペラペラ喋られたら困る」という言葉が続く。社員が知恵をつけ、あれこれと突かれるのはイヤだ、という気持ちも見え隠れする。経営者のほうが、社員を信用できていない。信頼関係は、相手が信用を示すのを待ってお見合いしている限り、生まれてこない。どちらかが明確に示すと、意外と簡単に成り立つ。

先に示すべきなのは、どちらか。これはいうまでもない。

そもそも、もし会社の決算や経営者の報酬を社外の誰かに喋ってしまう社員がいたとして、さほどの不利益があるだろうか？　たとえばあなたがよその社長の収入を知ったところで、何に利用するだろうか。「けっこう貰っているな」「それしか貰っていないのか」、せいぜい、それで終わりではないだろうか。

事例は少ないが、経営上の数字を社員からアルバイトに至るまで全面的に公開することを方針としている中小・零細企業も、たしかに存在する。そういう企業が外部に情報が漏れる悩みを抱えている、という話はまず聞かない。むしろ社員は、情報に対する規律を自らもつようになるのではないか。

決算の推移。経費の使い方。利益をどう分配しているか。あといくら売上げないと、会社は何年後にどこまで落ち込むのか。そうならないために、何をすべきか。

「ウチの会社は赤字らしい」といった漠然とした不安を与えるのではなく、具体的に、不振の原因を共有できる社内風土を確立しよう。

さらに、ディスクローズすべきは社内の人々に対してだけではない。顧客、取引先、金融機関、基本的にはあらゆる関係者に、オープンな姿勢を貫いたほうが良い。長所と短所を周囲にも共有してもらうほうが、会社は発展する時代である。

隠すことを習慣にすると、年を経るごとに明かせなくなり、さらに隠し事が増える。そうなると、会社は危ない。いつか取り返しのつかない事態が待っている。

これは、私が家業の倒産を通じて得た、最大の教訓の一つである。

ところで……実際の私が、あらゆるクライアント企業に完全なディスクローズを勧めているかといえば、恥ずかしながら違う。債務が膨れ上がり、取引先が内情を知れば一気に信用不安が増す段階まで至っている場合は、情報の秘匿を進言することもある。

私はこの本に、「できたらいいな」という理想ではなく、「必ずしなくてはならないこと」を書いているつもりだ。だが現実は、それをさらに上回ることもある。

つくづく思う。会社経営って、難しい！

18
流行りモノを無視するな

数年前、「ドロップシッピング」というインターネット上の商売手法が注目されたことがあった。そんなのもあったなあ、と思い出す人もいれば、知らない、という人もいるかもしれない。いまも完全に消滅したわけではないようだが、もてはやされた期間は短かった。

商品を紹介するだけの「個人店」をネット上に開き、在庫の発送や精算など主要な業務はメーカーや専門業者が行う。個人が元手をかけずに手を付けられる、事業者にとっても販売部員が増える、というインターネットならではの手法として宣伝されたわけだが、それ以前からある「アフィリエイト」と手法が似ていたし、経験者からは「まったく儲からない」という声も多くあがって、いまは話題にのぼらなくなった。

〝画期的〟なビジネス手法が、とくにインターネットの普及したこの二十年の間にたくさん生まれ、そのほとんどは定着せずに消えていった。そのためか、世間で「新しい」とされる手法に関心をもたない経営者・幹部が多くなっている印象がある。

たしかに、自分の足元をきちんと見よう、商売の原点を見つめ直そう、という堅実な姿勢は大事である。

でも、いや、だからこそ、「流行りモノなんかに目を向ける必要はない」というのは間違っている。古今東西、商売というものは常に新しい方法を模索してきたのである。新しい方法を見つけだせない商人はやがて消える（＝倒産する）というのもまた、商売の基本なのだ。

だからといって、あなたが明日、画期的な商売を生みだせるわけではない。だが何もしなければ、売上げが伸びない、利益が残らない、という現状が続くだけだ。

ならば、世の中に新しく生まれる商売の方法には、常に敏感でいよう。これはウチに欠けているものだと感じたら、トライしたほうがいい。当然、コストをどこまでかけられるか、どのくらい売り上げられるか、と予算を立てることは欠かせない。ダメなら手を引く準備もしておくべきである。

十個の流行りモノに取り組んで、自分の会社に合ったホンモノは一つあるかどうか。でも、一つあれば万々歳ではないか。

インターネット上にブログを開設する、というプロモーションがある……どんな会社だってやってるではないか、と笑わないでいただきたい。これも意外に、「あれこれと情報をアップしたって、手間がかかるばかりで売上げに繋がらない」という否定の言葉をよく聞く。口にしないまでも、そう思っている経営者は多いのである。いちおう開いてはいるが、担当者がルーチンワークでやらされているだけ、というレベルのものが多い。

たしかに小売業者が「ブログでネット通販をやって、来期の売上げの柱にしよう」というつもりで始めたら、実績をあげるのはかなり難しい。だが、とくにサービス業、あるいはその要素の多い会社であれば、常時、ブログに最新情報をアップしたり、顧客に向けて内容のあるメッセージを発しておくことは大切だ。いまはネット上で発した言葉が、何十万人、何百万人というマスに対するアピール効果をもつ場合もあれば、わずか数十人の顧客とコミュニケーションを図る、ミニコミとしての魅力を発揮する場合もある。

ブログの開設も、当時の流行りモノではあったのだ。成果は、それにどう取り組んだかでわかれる。その会社ならではの利益に繋がる展開は、とりあえずやって、試行錯誤しなければわからないことなのである。

頑固一徹、親の代からの調理法と値段を維持し、商売の形をいっさい変えずに勝負しつづける飲食店——といったものをマスコミは持ちあげる傾向がある。変化を求められる現実の厳しさから、見る者を一瞬だけ、解放してくれるからだ。だが、もしその店が経営的にも好調なのだとしたら、その店の主人は、自分のやり方が「いまは逆に新しい」ということを直感的、または戦略的に知っているのである。

流行りモノに目を向ける、良いと思ったら手をつける姿勢は、倒産しない会社であり続けるために大事だ。そして一般的には、流行りモノに敏感なのは若者である。若手社員が流行りのビジネスを提案してきたときは、いい話を持って来てくれたと感謝し、積極的に耳を傾けよう。

19 創造力を求められるのは誰か

「創造力を発揮せよ」「仕事は一人ひとりが創るもの」といった類の標語を掲げている会社がある。一見すると素晴らしい。社員の発奮を促す程度の目的ならよいだろう。

だが、それを本気で社員に求めていたら、いつまでたっても会社は強くならない。

社員が創造的な仕事をしないと経営が上向かないようでは、上層部は仕事をしているとはいえないのだ。

社員の一人ひとりは、自分のすべき仕事の内容が明確でなくてならない。そして、その仕事とは「今週中にこれをやらなくてはならない」「このようにやれば達成できる」といった道筋の定まった、ルーチンワークであることが原則だ。

ルーチンワークをきちんとこなせていれば、社員は合格。

一人ひとりが合格の仕事をすれば、その合算で会社は安定的に回る。

この仕組みを構築するのが、経営者・幹部の役割である。

優秀な社員が来てくれない、若い社員がなかなか育ってくれない……経営者や幹部から、この種のボヤキが漏れることは、とても多い。

「あいつは、上から言われたことしかできないんだよ」

「その先の、自分で仕事を創りだしていく力をつけてほしい」

「彼には期待しているから言うのだが、なかなか階段を上がってくれなくて」

どうしたらいいだろう？　と。

多くの場合、私はこう伝えている。

「もし、そのとおりに育ったら、次に危うくなるのはあなたのポジションですよ」

そこまで上ってきてくれたら本望だよ、と彼らは答えるが、嘘だ。真に自分をおびやかす存在が出てきたら、ほとんどの経営者・幹部は身構えてしまう。

損益計算書やバランスシートが読める、社内の状況を的確に見極め、斬新で有効な事業案や業務改善を打ちだせる、そういう社員は、ほうっておいても存在が浮上してくる。

その社員は例外なく、上司の能力の限界を見抜いている。俺のほうができる、と自信をもっている。創造力をもて、などと自分を棚にあげるような上司なら、なおさらだ。

有能な社員が浮上してきたら、上司は潔くポジションを譲る。それができる会社は良い循環をしているといえるのだが、そんなことはまず起きない。経営者・幹部だって生活のためにいまの地位を守りたいし、優秀な社員がその会社で出世したい、トップに立ちたい、と考えているとは限らない。独立を目指している場合もある。

結果として、会社は優秀な社員ほど持て余し、抑え込む。あるいは、〝創造的〟な仕事をさせて、その社員は表面的には大活躍しているのだが、それがほんとうに会社の業績向上に寄与しているかといえば疑問、といった事態もよく生じる。会社が、その創造性を利益や社風の向上に活かす仕組みをもっていないからである。

優秀な社員の出現をアテにした経営ほど、無責任で非効率なものはないのだ。

創造的な仕事ができる社員はいらない、と言いたいのではない。

そういう人は努力家でもあるし、周囲が思いつかないアイデアを打ち出したり、大きな仕事を成し遂げることがある。わざわざ教わらなくとも、働く喜びを自力で会得してゆく。他の社員の刺激にもなるし、その活躍が会社の利益に結びつく仕組みを構築できればいうことはない。

経営者や幹部は、それを会社運営の勘定に入れてはいけない、ということなのだ。倒産しない会社は、社員の出来・不出来に経営を左右されないのである。

社員は、自分で仕事を創りだせるほど優秀である必要は、ない。

社員の個人プレーに頼るのではなく、常に全体の底上げを図ることだ。いちばん経験の浅い社員でも最低限これだけはできる、経験はあるが腰が重くなったベテランも、こういうことはできる、というレベルを少しずつ上げていかないと、会社は向上しない。

そうした仕組みを作ったうえで、自分の会社にフィットする人材を採用するのが正しい。コイツは優秀そうだ、なにか大きなことをやってくれるかもしれない、という曖昧な基準で人を雇ったり、雇った社員に期待をすると、誤る危険性が高くなる。

「社員は何をすればよいか」

これを明確なルーチンワークとして定めることが先決だ。

創造的な仕事が求められるのは、経営者・幹部のほうである。

わたしはどこまで行けば倒産するかを知っています③

父との離別

――借金の連帯保証人となるのがきっかけで経営危機を知り、そこからは会社全体の建て直しに関わっていくことになったのですか。

「店舗の巡回はいったんおいて、本社にいることが多くなりました。『安定化資金』を使ったところでその場しのぎですから、失っているメインバンクからの信用を取り戻さなくてはいけない」

――メインバンクには、再建の意思をどのように伝えていったのですか。

「当時、支店の融資課長から『お宅はウチのダイエーだよ』と言われまして。これはショックでしたね。当時は新聞に連日、『不良債権』という言葉が出ていましたけど、自分がそれを発生させている当事者なんだと思い知らされた。ともかく、これまでのいいかげんな経営計画書ではダメだということで、納得してもらえる新たな再建計画書を、私が作成していった。まず、社の財務状況を正確に把握する必要がありました。先に話したようなことは、その過程でわかったわけです。そのうえで、土地・建物などの資産の売却、売掛金の回収計画、取引先との仕入条件などの変更、店舗閉鎖などリストラの計画、そういうものを一つひとつ検討して、まとめていきました。銀行を納得させることが目的ですが、いまさら実態から離れたことを書いたって通じない。私に代が変わっても経営していくためにやるわけですから、誠実を心がけました。資料を見せながら銀行の担当者と折衝する日々が半年ばかり続いて、最終的には先方も、長期的にお付き合いしましょうと言ってくれた。信頼してくれたというより、あきらめて折れてくれたという印象でしたが。

この経験も、私には大きな教訓になったんです。それは、『人生、なんでも粘ってみるもんだ』ということ。とくに、カネのことは粘りましょう（笑）。正直いって、まさかメインバンクからその言葉を引き出せるとは思っていなかったんです。かなり破綻した状態にあったので」

――②の最後に、カネの使い方には人の品性が表れるという話がありましたが、それゆえに、カネの話をすることを尻込みしてしまう人も多いですよね。

「カッコ悪くても、大事なことですから。ここが肝心という時は、絶対にあきらめないことです。あの手この手で、自分の意思を伝え続けたほうがいい。それもまた、その人の真の品性じゃないかと私は思います」

――メインバンクからも取引の継続を約束されて、いったんは倒産の危機を免れたわけですね。それを機に、お父様から経営を引き継いでいく流れにはならなかったのですか。

「そういう気運もあったんですが、ちょっと中途半端な状態が続きました。父も、一連のことがあっておとなしくなって、経営への意欲が減退したようではあった。でも、私の方も少し戸惑っていました。私の代は父の負債を返していくことに費やされるのかなと暗い気分になったり、せっかくの祖父の代からの鞄店をここで終わらせたくないなと思い直したり、胸の内がグズグズしていた。即断即決が必要だと言いましたが、私自身ができていないですよね（笑）」

――このとき一気に実権を奪うべきだったという後悔がありますか。

「会社の存続のためには必要でした。そうなりつつあったことはたしかなんですね。父がおとなしかった時期に横浜の商業ビルから誘いがあって、これは私の判断で出店しました。いちばんの理由は、リスクが低かったからです。小さな坪数だから大きな売上げは取れないが、賃料がかなり安く、もし上手くいかなかったとしても痛手は最小限にとどまる。しばらくは保守的にやっていくことが必要だと社内に示す意味もあったし、メインバンクに出店戦略の変化を見せる目的もありました」

――お父様も、そこは了解した。

「このときは何も言いませんでした。でも、面白くなかったようです。横浜の出店は思いどおりの出来ではあったんですが、それから一年ほどして、今度は父が出店の話をもってきました。好立地ではあるが賃料が高く、面積も大きい。従来の、ハイリスク・ハイリターンの案件でした。このあたりから、父と言い争うことが非常に多くなって」

——社内の人達のバックアップは得られなかったのですか。

「冷ややかでした。そもそも会社には、出店の是非を話し合うような会議さえ存在していませんでした。父が店を出すと言ったら、周りはそれに従うだけです。私としては、ここで譲ってしまうと元の木阿弥ですから、頑強に否定し続けることになりました。もちろん喧嘩ばかりしても進展がないから、過去の失敗例を示したり、もうしばらく我慢してみないか、と言い方を変えてみたり。でも、父は聞く耳を持たなかった。ここで形勢逆転、という博打的な発想からどうしても抜けだせない。お前のやり方では取り返せるものも取り返せない、経営というのは勝負する時があるんだ、と。私からすると、その勝負で何連敗してるんだ、ということになる。もう最後の切り札を出すしかないと思い、『この出店をどうしてもやるというなら、自分は会社を辞める』と宣言しました」

——お父様の反応は？

「あまり変わりませんでした。本気だと思っていなかったのかもしれません。父は何というか……人の足元を見るようなところが、あったんですよ。ときどき相手の弱いところを突くことで、主従関係をはっきりさせる。独自の人心掌握術をもっていて、それで父の言いなりになっていった古参の社員が何人もいました。そんなことに屈しない人は出ていって、イエスマンだけが周りに残っていく」

——息子もそうなることを、お父様は求めたわけですか。

「はっきり口にはしないが、『お前、いまさら辞めてどこへ行くんだ』『お前は俺の言うことを聞いていればいいんだ』というニュアンスはありました。それと、父は父で、私に後を譲ることを迷い始めていたのかもしれません。きっかけがあったんですよ。経営危機を切り抜けようとしていた時期に、『いずれ社長を退いてもらったときは、なんらかの肩書きを与えたとしてもお父さんに給料は出せない。そこは覚悟してほしい』と伝えたことがあったんですね。こんな状態を招いたのは父だし、私としては当然のことを言った。むしろ早めに伝えることで、母と時間をかけて老後の生活設計をしてほしいと思ったわけです」

——ただし、会社は俺が頑張って建て直すから、と。

「そういうことです。ところが、この瞬間に父の顔色が変わりました。それは受け入れられない、と不満たっぷりになって、最低でも相応の退職金は約束しろというような言い方までしてきた。そのとき私も、この人は信用できない、親だと思って安心していたら後ろから切られるかもしれない、と思ってしまったんです。自分で膨らませた隠し負債まで残して、息子の連帯保証でなんとか乗り切ったくせに、それでも自分の収入は減らしたくないし、引退してもカネを取るつもりでいる。たとえ息子が相手でも、この人は自分のことを第一に考えているんだな、と……。もう完全に、父子の醜い争いになってしまった。出店を強行するなら辞めるという宣告は、思い直してくれという期待も込めていましたが、父は最後まで変わる様子を見せませんでした。出店は決まり、私は、宣言どおり辞表を出した。いろいろと処理することがあって、実際の退職は少し先になりましたが」

——そうなってしまうと、もう単純な父子には戻れないものでしょうか。

「会社を離れてから、父と直接顔を合わせたのは一度だけです。私は兄と姉、妹の四人きょうだいなのですが、妹が病気で亡くなってしまう不幸が数カ月後にあって、その葬儀の場でした。まあ、絶縁ですね。ただ、これも商売をしている家では起こりうることではないでしょうか」

縁は切っても保証人

――辞めるまでに、次の仕事などは考えておいたのですか。

「なにも考えていませんでした。それもあって、なかなか次の行動に移れなかった。すでに結婚していましたし、この時は子どもが生まれたばかりで、いつまでもボンヤリしているわけにはいかなかったんですが。ただ、まずは例のリスクを取り除いておきたかったんですよ」

――借金の連帯保証ですね。

「でも、ダメでした。東京都の信用保証協会へ行き、退職して会社とは無関係になったので連帯保証から外してほしいと相談したが取り合ってもらえなかった。唯一、可能な方法が身代わりを立てることで、父のいちばんの側近だった役員にも連絡しました。一緒に会社の危機を招いた人ですから理屈は通るんですが、当然ながら拒否です。父と絶縁しても、カネの縁までは切れなかった。もっとも、絶縁したと思っているのは私だけだったのかもしれません。父はその後も、ちょこちょこ私に電話をしてきたんです。経理や現場のことで、わからないことがあると言って」

――お父様としては、会社に戻ってほしい気持ちがあったのでしょうか。

「その後の顛末を考えると、もう疲れきっていたんだと思います。私としても、連帯保証を下りられない限りは家業と一蓮托生ですから、そこに自分が関われないのは気分が悪いなという名残惜しさはあった。だから一度だけ、こちらから連絡してみました。『やっぱり、俺に経営を預けてみないか』と」

――ほんとうに、最後の望みというか。

「そうです。ところが、側近の役員に相談したら、そんな勝手は認めない、どうしても戻りたいなら一から出直しさせろ、それまで私が社長をやって様子を見ると言われた、それでどうか、というのが父の返答で。もう、なんだかバカらしくなってしまいました。ここまできても事態が切迫していることを理解できないのなら、勝手にしろ、と。私も疲れていたんだと思います。その役員を蹴飛ばしてでも家業を守ろうという意欲が、もはやなかった。後からわかったことですが、この頃にはもう、父は万策が尽きた状態だったようです」

――そこからは、家業への未練は捨てて。

「もともと、学生時代に起業を考えたことを思い出して、自分で小さな会社を興すことにしました。ただ、どうしても多額の負債の連帯保証のことが……家業に何かあれば間違いなく影響を受けるわけですから、事前の防御策を考える必要がありました」

――梶田さんとしては、この時期から倒産を想定していたのですね。

「もちろんです。あれだけ内情を見ていますから、倒産しなかったら奇跡だと思っていました。奇跡が起きることを願いましたけど(笑)」

――事前の防御策というのは。

「まず、とにかく小さな、一人でやる会社を興す。従業員を雇ったら迷惑をかける恐れがありますから。それと、実際は一人でやるけれども、自分は経営者につかない。会社が得る収入も、私には入らないようにする。差し押さえの対象になりますから。自分の口座には最低限の生活費だけ残して、収入は妻の所得になるように設定しました」

――自分の生活を根こそぎ奪われないようにしておくということですね。

「アフェラス有限会社という名称で、二〇〇二年十一月に創業しました。出資は姉や親族の世話になり、役員は妻。でも、実際の運営は私一人です。いまは私が代表で、クライアント企業の経理、労務管理、資金繰りの支援、業務効率化の内規作成など、いわゆる経営のサポートやコンサルティングをしていますが、当初は企業のホームページの作成とか、業務内容は限られたものでした。幸い、友人や親族がすぐにいくつかの仕事をくれて、家族を養えるほどではないものの、新しい生活が始まりました。ただ、晴れ晴れとした気持ちで、とはいかなかったです。いつまで続けられるのかなと」

――そして実際、その半年後に家業が倒産してしまったわけですね。

父の失踪

「二〇〇三年の、四月に入ってすぐの頃です。母から電話があって、『昨日からお父さんが帰って来ない。心当たりはないか』と。普段と変わらない装いで会社へ出かけた、あらためて荷物をまとめた形跡はないし、パスポートなどもある、とにかく本人だけが行方不明で、携帯電話もつながらない、ということでした」

――発作的な行動だったのでしょうか。

「と想像しますが、わかりません。最初に思い出したのが、携帯電話の着信でした。私はその数日前まで、仕事で一週間ほどパリへ出かけていたんです。帰国して成田空港で携帯電話を開くと、何件かの着信履歴のなかに父の番号があった」

——なにか、梶田さんに伝えたいことがあった？

「わかりません。メッセージはなく、私も折り返さなかったんです。次に思ったのは、『あと十日』でした。その月の、父の会社がしなくてはならない諸々の支払いの期日です。それまでに事態が収まらないとアウトだなと。母には、すぐに警察へ行って失踪届を出すように伝えました。捜索してもらうためというよりは、いなくなったことを、たしかな事実にしたほうがいいと思ったんです。支払いがなければ、どうなっているのかとあちこちから連絡が来る。自宅まで押しかける人もいるかもしれない。母は経営にまったくタッチしていませんでしたから、対応のしようがない。曖昧な説明に終始するよりは、失踪してしまった、警察には届けを出したとだけ答えさせたほうが、すこしは混乱を避けられるかなと考えたんです」

——その段階で、倒産を避けるためにできることはあるのでしょうか。

「まずは当座の支払いを済ませれば、もう一カ月のばせますよね。でも資金がないことは明白ですから、やれることはほとんどありません。数日すると、私の再度の入社を拒否した、側近の役員から電話がありました。どうすればいいんだ、君は社長の息子だし対処する義務があると言われて、ぶん殴ってやりたい気分でした。その人からは、支払い期日の前日にも同じ電話がありました。話をしながら、この人も完全に行き詰っているんだなと」

——梶田さんはなおさらですよね。もはや会社の人ではないわけで。

「手の施しようがありません。その役員に協力する気持ちにはどうしてもなれませんでしたが、じつは会社の顧問弁護士に相談はしました。鞄店としてはそれなりに定評も得ていたし、小売業だから店を開けていれば毎日の収入はある。民事再生法の適用を申請して出直すことはできないか、その場合に力を貸してもらえないか、と。それが可能なら、いまの役員は全員辞めさせて、私がやるしかないと思っていました。でも、その顧問弁護士も事態を知っていて、一日でも早く手を引こうとしていた。どうしようもない、あなたの家族でなんとかしろ、という反応だった。そこからは、お決まりの流れです。期日に支払いができず、その月のうちに社長不在のまま会社は不渡りをだし、破産となりました」

——従業員の皆さんも、混乱したでしょうね。

「私のところにも、一緒に仕事をした従業員や、売掛金を抱えた取引先などから電話が来ました。俺は関係ない、とは言えないですよね。可能な限り、訊かれたことにお答えするしかない。やはり母に会わせろという人もいて、それだけは許してくださいとお詫びして、あきらめていただいて」

――同時に、梶田さん自身も身の振り方を考えなくてはいけない。

「倒産で残された負債が十三億円。このうち、私が連帯保証人として負わなくてはならない債務が、一億三千万円。会社の資産などを処分して、それでも八千万円が残りました。これとどう向き合うかを決めなくてはいけなかった。一生かけても返せない額……絶対とまでは言いきれませんが、かなり難しい」

――自己破産という選択は、倒産を想定した時から頭にあったのですか。

「ありました。というより、他に手がないかもしれないなと。借金を背負ったまま生きていく道もある、とアドバイスしてくれる人もいました。必ず返すと債権者に宣言したまま返さずに、またはちょっとしか返さずに、死ぬまで引っ張り続ける。実際に先日、そうやって九十歳を超えて亡くなった方が知り合いにいるんですよ（笑）。何十年も、多額の借金を抱えたままでした。債権者の方も、もはやどうでもよくなっていたような状態で」

――そうしたなかで、自己破産を選択したのはなぜですか？

「やはり返しようがないというのが第一ですが、もうひとつ思ったのは妻子のことでした。いずれ子どもが物心ついたとき、あるいは成人したときに、どっちの父親でいることが良いのか……どっちも良くないんですけど、どちらのほうが、まだマシか。借金と付き合って、最後は死んで逃げきるか、一度ギブアップして、時間をかけても人生を立て直すか。しばらく悩みましたが、その年の十二月に自己破産申請を裁判所に提出し、翌二〇〇四年三月に免責決定、つまり自己破産者となりました」

自己破産、なにが辛いか?

――自己破産すると、生活にどんな影響があるのでしょうか。

「まず前提として、自己破産というのは『救済』するための措置なんですね。負債によって生計の成り立たなくなった人が、人生をやり直すためにある。債務の返済を免除され、借金をゼロにできる。その代わり、いくつかの制裁があるわけです。申請後、自己破産者と認められる免責決定までの期間は、必要最低限の生活費を残してほとんどの財産を没収されます。引っ越しや長期の旅行は許されず、郵便物なども管理されます。就職や事業活動にも制限があります。それと、破産申請をした人や破産が認められた人は、国の機関紙である『官報』に、名前が記載されます。『破産者名簿』というのがあって、そこにも名前が出ます。つまり、自己破産者だということが世間に公表される」

――公表されることで生じるリスクはなにか、ピンとこない人が多いかもしれません。

「どういう人がそれをチェックするかというと、たとえば金融機関です。自己破産者は、五年くらいはクレジットカードを所有できない。金銭面で信用を失ったわけですから、これは当然でしょうね。もうひとつ、それを詳しくチェックしているのがサラ金、闇金などです。自己破産をすると、『お金を貸します』『力になります』という誘いが、山のように来ます。なぜかというと、いちど自己破産した人は、しばらくの間は再び自己破産できない、と法律で定められているからです。私の頃は十年先まで、いまは法律改定で七年になっています。つまり自己破産者に金を貸せば、逃さずに、長年にわたって利子をとれる。私のところにも、ウンザリするほど来ました」

――裁判所の集計によると、梶田さんと同じ二〇〇三年に自己破産の申立てをした人は、約二四万三千人いたそうです。前後の年も含めて、この時期は申請件数が非常に多くなっています。バブルから九〇年代の不況に入った、その影響がもっとも如実にあらわれたといえるでしょうか。

「そうでしょうね。自己破産を申請した後、債権者である東京都信用保証協会の事務所へ頭を下げに行きました。罵倒されることを覚悟して行ったんですが、担当の方は意外と穏やかでした。『返済不能になった人が増えていますけど、あなたみたいに直接報告に来る人は珍しいです。わざわざどうも』なんて言われて」

――九〇年代後半、不況対策の一つとして中小企業支援をうたって立ち上げられた「安定化資金」の効果を、梶田さんはどう評価しますか。

「それを無駄にした張本人ですから言うのは心苦しいですが、日本経済の空回りを象徴していましたね。不況を乗り切る力がない経営者に向けた、ささやかな延命治療に過ぎなかったケースは多いのではないでしょうか。②で話したように、銀行が貸し剥がしに利用した面もありましたし。いくら借りやすくたって、借金は借金なんですね。いつか返さなくてはいけない。信用保証協会を限度額いっぱいまで利用しなければやっていけないような経営では続かない、ということだと思います」

――立ち上げた会社には、制限は生じたのですか。

「自己破産をしても、事業はできます。先に話した事前の措置もしていたので会社は継続できたのですが、一連のやり取りに時間を取られて、仕事も滞りがちではあったんです。しば再出発だと自分に言い聞かせても力が出ないというか、心身ともに疲れてしまって。しばらくは毎月の収入を確実に得たほうがいいかもしれないと考えて、就職活動をしました。記載の義務はありませんが、履歴書には自己破産者であることを書きました。後で知られるよりも、それを知ったうえで雇ってくれる会社の方が良いと思ったからです。二十社ほど応募して、やはりほとんど書類で落とされましたが、数社は面接に呼ばれました」

――一方にあるＭＢＡホルダーという肩書きが、効いたのでしょうか。

「それもあるでしょうね。ただ、テレビ通販をやっている、ある大企業の子会社へ行ったら、面接官が私のこうした経緯を面白がって聞きたがりましてね。私も一生懸命話すしかないわけですが、最後に『ＭＢＡとって、家業つぶして、まさに成れの果てだな』と言われた。あれは忘れられないですね」

――最初から雇う気などなかったということでしょうか。

「たんなる好奇心で、話を聞いてみたくなっただけなんでしょう。この頃は日々、頭の中が被害妄想でいっぱいになっていました。電車に乗っていても、この車両で一番ミジメな人間は俺だろうなと考えてしまう。いい歳をしてスーツが安物だから面接に落ちたんじゃないかと思って、そのまま電車を降りてデパートで物色して、そういう問題じゃないよなと思い直して駅に戻って、しばらくホームで呆然としてしまったり。

自己破産者がうける最大の制裁は、法律に定められた物理的な制限よりも、そうした心理的なことだと思います。人としてのプライドを、あちこちで傷つけられる。『金銭面で破綻した人間』というレッテルは、やはり社会でやっていくうえでキツイですよね」

――それでも、十年を経た現在は人生を取り戻し、立ち上げた会社も続いている。振り返って、その原動力は何だと思いますか。

「身近な存在である家族、親族、友人の支え。私の場合はもう、これに尽きます。再就職はあきらめて社業一本でやっていくことにしましたが、家業を倒産させ、自己破産までした人間に誰が経営の相談なんてしたいだろう、と我ながら思うわけですよ。それでも、まずは親族や友人が仕事をくれて、さらに知り合いの経営者などを紹介してくれた。そこからまた紹介をいただいたりして、少しずつクライアントが増えていきました。

それと、正直にいえばもうひとつ……俺のせいじゃない、という。倒産も自己破産も父が招いたことだ、自分は被害者なんだという気持ちが、最後の自信を保たせてくれたのかな。実際は私にも原因の一端はあるわけで、ちょっと責任転嫁していますけども」

父への思い

――お父様は結局、今日まで行方不明のままなんですね。

「失踪から七年たったときに役所に死亡認定を申請しましたから、戸籍上は亡くなったことになっています。実際は、生きているとも死んでいるとも確信できない。もし生きていたらどこで何をしているかと想像するときの、材料が乏しいんですよ。警察庁が発表する身元不明の死亡者リストなどもたまに見ますが、もしかしてこれじゃないかという情報にぶつかったこともなくて」

――もう一度、会いたいですか？

「いちばん難しい問いです、それは。もし生きていたら今年で八七歳ですが、生きて帰って来たとしてどうするんだ、お前が面倒みるのかと親族にいわれて、やはり答えに窮したことがあります。私の事務所兼自宅はマンションの四階で、ベランダの目の前に、林に覆われた小さな山があるんですね。夜、そのベランダに立って暗がりを眺めていると、父がその山のどこかから私を見ているような気がするときがあるんです」

――梶田さんの想像のなかでは、お父様は何が目的でそこに姿を現すのですか。

「私を恨んで殺すつもりか、あるいは嫌がらせのように首でもくくるつもりか、そんなところでしょうね」

――なぜでしょう。お父様との関係でいえば、やはり梶田さんは被害者だと思います。梶田さんが恨むならまだしも、お父様が梶田さんを恨むのは筋違いではないか。

「私からすれば、たしかにそうです。でも、いままでの話はあくまでも、私から見た家業の顛末であり、父の姿なんですよ。私を跡継ぎとして家業に入れると決めたときから最後の失踪まで、いろんな場面がありましたが、その時どきに、父がいったい何を考えてそうしたのか、息子をどう思っていたのか、私はほとんど聞いていないんですね。

父が失踪した後、会社の古参社員の一人からなじられたことがあります。『お前はなぜ、社長を上手に引退させられなかったのか。多額の負債が発覚し、息子が財務の処理をしたあの時期、社長は自分を全否定されて、深く傷ついていた』ということでした。いま考えても、あのときの父を上手く引退させる方法は浮かびませんが、その古参社員の話を思い出すたびに、父もまた、親心を知らずに失策を責めたてた私を恨んでいたのかもしれないなあ、と。

実際のところ、父がいなくなった後、取引先などから私の知らない父の姿を聞く機会が何度かありました。それが、『私の会社が苦しいとき、社長は必要以上の数の商品を何カ月も買い取ってくれたんですよ』とか、『正規の取引以上の金額を、これからも世話になるから前もって払っておくといってわざわざ振り込んでくれた』とか、『借用書もなしに現金を貸してくれた、結局は貰ったようなものだった』だとか、苦しいときに助けてもらった、という話ばかりなんですね。どうやら家業が低迷してからも、そういうことをしていたようです」

――人情に厚い、慕われる経営者だった一面をもっていたわけですね。

「私に言わせれば、経営者失格の典型ということになります(笑)。エエカッコしいで財布のひもが緩くなる人は、最後は周囲に迷惑をかけますから。とはいえ、わからないことが多すぎたままなんです。息子でありながら」

コンサルティングではなく「サポート」

――ここまで、家業の倒産と自己破産を中心に、梶田さんの経歴をざっと振り返りました。感想をひとつ挙げるなら、会社というのは人間の欲や業《ごう》が複雑に絡み合って動いている、こうすればうまくいくという法則やノウハウがあっても、実際のところそのとおりにはいかないものなんだろうと思いました。本書の主旨に背く、身も蓋もない言い方かもしれませんが。

「おっしゃるとおりです。家業の鞄店は、まさにそうでしたから。ただ、経営のサポートを仕事にさせていただいている立場からひとつ反論すると、人間はしょせん我欲や業で動くのだから、経営改善の成否も経営者の本来の資質だけで決まってしまうのかといえば、ちょっと違うと思います。多くの人間は、みっともないくらいの欲望を抱えている一方で、こうありたいという理想、こうあるべきという理性を併せもっている。そのちょうど中間にあって人を支えているのが、学問だと思うんですよ。ここでいえば、経営学です」

——梶田さんは一貫して、自分の仕事はコンサルティングではなく「サポート」である、と表現している。これは大きな特徴ですね。

「私がこれまでに密接に関わったと認識しているクライアント企業は、中小・零細規模を中心に約三十社です。これは、数でいうと少ないと思います。私は財務資料を見て話を聞いてアドバイスをするだけでなく、その会社に入らせていただいて、場合によっては机を与えていただいて、経営者や社員の方々と一緒に仕事をするケースが多いんです。どうしても一社とのお付き合いが深く、長くなる。だから、コンサルティングというよりはサポートというほうがしっくりくる」

——たとえば、明日の予定は？

「明日は……お仕事をさせていただいている会社の支払い遅延交渉を、社長さんの代わりにしてきます（笑）。ちょっとぼやかして説明しますが、その会社はすでに期限の過ぎている買掛金が合計で数千万円あって、でも現金は数百万円しかない。いちばん支払い要求の厳しいお取引先に行って、状況を説明して、もう少し待っていただきます」

——もう完全に、その会社の一員として行くわけですね。

「そうです。常に数社の名刺をもっていますし、肩書も経理部長とか総務部長とか、行き先や用途に合わせていろいろと（笑）。要するに、社長がやりたくないこと、不得手なことをさせていただいて、社長には得意分野に専念していただくということです。

繰り返しになりますが、家業での経験、独立してからの十年余りのそうした経験を踏まえて思うのは、ともかくいまは『つぶれない会社』になることが大事だし、可能だ、ということです。倒産しない会社を作れると、じつは成長の可能性も高まってくる」

——言い換えれば、土台を固めていないために成長の機会を失っている事例をたくさん見てきた、ということですね。

「独立、継承、譲受など、経営を担うきっかけは人によって様ざまですが、誰しも経営を始めると、自己実現への野心が鮮明に現れます。この野心は、たしかに事業推進の原動力です。あれがしたい、これを試したい。経営者の個性の分だけアイデアが生まれ、実現に向けて試行を繰り返し、まい進する。もちろん良いことなのですが、一方で、自分が成熟社会に生きていることを忘れないようにしていただきたいんです」

——その経営者が思いついたアイデアや事業はすでに存在しているし、たとえ素晴らしいアイデアでも、すぐさま売上げ増につながるわけではない時代になっている。

「成長著しい業界もありますが、多くは成熟期に入っているか、斜陽産業となりつつある。また、成長業界といっても政府にコントロールされている場合もある。良くて横ばい、悪ければ縮小のご時世です。そういう社会で経営をしていると、安易なミスが命取りになる。

経営者の個性を否定するつもりはありません。没個性的では、もともと事業家の資質はない。個性やアイデアは大切です。ただ、常に経営の根本を忘れないでほしい。同時期にたくさんのアイデアを試して成果を得るのに時間がかかったり、どれも中途半端になったり、時期尚早だったり、いろいろな理由で頓挫してしまい、資金の無駄遣いになって経営が苦しくなる。個性にはお金がかかる、ということです。それはいまやらなくてはいけないことかどうかを常に考え、可能性の高いアイデアを選ぶ。自分が抱えている個性をそぎ落としていく発想ですね。さらに、失敗したら『じゃあ次はあれをやろう』と功を焦らない。既存の事業で挽回するまで我慢する。私は、これが不可欠だと思っています。

経営者をするような人は、たいていは個性的で、良いアイデアをもっています。話を聞くだけなら楽しい。それは面白そうですね、と私も言います。

でも、そのためにかかる費用、社員の陣容など会社がもっている実力、失敗したときにどう補填するか……それらは外部の者として見聞きしているだけではわかりません。だから、会社で机を並べ、実務をこなして、実現の可能性を一緒に吟味していく。それが、私の方法です」

——まずは、そうした挑戦ができる土台をもった会社、つまり「つぶれない会社」にしておく必要がある。

「この本では、そのために押さえておくべき要点を三十個、抽出してみました。おもに中小・零細規模の企業をイメージしています。なかには初歩的と思われる項目もあるかもしれませんが、いずれも、意外に多くの会社が忘れがちなポイントです。現状をチェックしたり、社の体制を改革するときの参考にしてください」

Chapter
4

資金繰りは一生の友達

20 資金繰りができても安心するな

会社経営とは、つまるところお金の問題である。資金があれば維持できるし、底をついたら終わりだ。ここから「29」までは、経営を支えるお金に関することで、「倒産しない会社」をつくるためのポイントを挙げてゆく。

はじめに押さえたいのは、目前の資金繰りに追われたときの考え方だ。

一年をとおして入金と支払いをなんとか滞りなく進められた、つまり資金繰りが成り立っていたとなったとき、経営者は「経営ができている」と安心しがちだ。

これも、右肩上がりの時代からなんとなく引き継がれてしまっている発想といえる。たしかに経済や市場が成長している時代なら、それでも会社は回った。とにかく金の出入りをきちんとさせて信用を得ていれば、新たな仕事を受注したり、取引先を増やしていくチャンスはあったからだ。

だが、いまはそれだけでは心許ない。成長時代に差し引きでプラスになっていた頃のやり方のままでは、マイナス基調となることは避けられない。かなり頑張って、やっと差し引きゼロ、というのが成熟社会の経営である。マイナスが続くとしたら、資金繰りはショートに向かっているということである。会社は、今年だけ存在するわけではないのだから、いずれどうなるかは明らかだ。

足りない資金の調達にしても同じだ。やはり多くの経営者が、なんとか借りられて目前の苦しさが解消されると、少し安堵してしまう。

気持ちはよくわかる。資金ショートを防ぐために取引先に会ったり銀行を回ったり、それなりの日数を費やす。こんなことに時間を取られて、と焦る日々が数カ月続けば、気持ちが荒む。やっと一段落すると、すぐさま中途半端にしていた仕事に戻ろうとする。

しかし、ちょっと立ち止まって、考えてほしい。

自分がその仕事に没頭して、会社は黒字になるか？

資金の足りない状態が頻発するということは、いま、自分がやらなくてはいけないことは、他にあるのではないか？

普通に考えれば、黒字体質にある＝余剰資金が生まれる、なんとか黒字を維持できている＝資金の増減はほぼゼロ、赤字＝資金減少もしくは資金ショート、である。資金がショートしているということは、すでに会社は赤字体質になっているのだ。

仕掛かり中の仕事を再開する前に、売上げの構造と経費の構造を、一から見直すべきではないか？　これは、資金がショートするまでには至っていないものの、だんだん減ってきているときも同じことだ。

資金繰りに困ったが、何とか切り抜けた――。そんな事態が生じた瞬間から、原因を突きとめなくてはいけない。このとき黒字体質へ転換する抜本的な改善を始めなければ、会社は必ず行き詰まる。

21 その借金に根拠はあるか？

こんな時代でも、中小・零細企業が金融機関から金を借りることはじゅうぶん可能である。いちばんの頼みの綱となっているのが、全都道府県と一部の市に設置されている信用保証協会だ。もともと資産の乏しい中小企業の支援が目的であるため、かなりの赤字続きの会社でなければ、無担保で債務保証を請け負ってくれる。

額面的にも融通がきくようで、五千万円くらいまでは借りられるケースが多いようだ。

私は、これに飛びつくことに否定的である。かつて、家業が信用保証協会を最後の糧にして倒産へ向かっていった経験をもつからでもあるが、他社を見ても、安易な借金は安易な経営につながっている。

資金繰りの都合上、返せる見込みが明確な借金であるなら、よいだろう。

たとえば、「売掛金－買掛金」の範囲内で借りる。きわめて単純に説明するが、再来月に入金予定の一千万円の売掛金があり、その前に来月、六百万円の買掛金の支払いを済ませなくてはならない、という状態にあるとしよう。この場合、差引き四百万円の借金をするのは「可」だ。これを超えて借りてしまうと、やはり赤字の補填になってしまう。

あるいは、固定資産の購入のための借金も「可」であろう。借金をしたぶん、財産も有したことになるからだ。もちろん、返済を計画どおり進めることが前提である。たとえば五千万円の機械を購入するために、二千五百万円を五年の返済計画で借りたとする。この五年の間に存在する返済中の借金は、前向きに捉えてよい。

ところが、こうした堅実な借金はできないのが、経営者の性《さが》なのである。

「もっと借りられますよ」といわれると、当面の資金繰りの苦しさを解消するために、限度額いっぱいまで借りてしまう。

預金通帳にゼロがズラリと並んだからといって、金持ち気分で豪遊する（↑もはや論外！）わけにもいかないから、これを元手に新規事業を仕掛けよう、と考える。商売はギャンブル、借りた金を大きくすればいいのだ、という発想になってゆく。

来年の成長が約束されていないことが常態の現代では、この発想は非常に危険だ。その前に、安定的な黒字を生み出せる仕組み作りが必要なのである。

経営者は全体に、一か八かの勝負をするべきだという幻想に縛られ過ぎている。

だが経営とは、あなたの個人的な自負心や理想、それを押しとおす意思の強さだけで成り立ってゆくものではない。同じように自我や思惑をもって動いている人が社会には無数にいて、その人達とさまざまな関わりをもちながら、なんとか回ってゆくものなのである。

どんな会社も、市場や社会の動向と無縁ではいられないのだ。

基本的に、いまの時代は「借金＝悪」。

こう決めてしまうくらいがちょうど良い、と私は思う。

ただ、前記したような堅実な借金以外はいっさいするな、というつもりもない。

誰も思いついていないはずのアイデアが浮かんだ。絶対に成功するとはいえないが、勝負してみたい。ダメなら人生を捨てる覚悟で臨みたい。

だが、それには資金が足りない。熱心に事業に取り組んでいれば、そんな瞬間が必ず一度は訪れる（才気あふれる経営者には、何度か訪れる）。

そのときは、思いきって融資を求めるべきだと思う。

いざというときに最大限のパワーを発揮するためにも、金額の根拠が曖昧な借金、実態が赤字の補填に過ぎない借金は、避けるべきなのである。

22 それでも借りるというのなら

「借金＝悪」が前提、と「21」に書いた。

だが実際は、借金をしない会社などほとんどない。

じつは無借金経営なんて無理な話でして、と前言を撤回するつもりはない。無意味な借金を重ねる負の循環は何としても避けたいが、現実として、いま借金をしなくてはならない状態にあるとしたら、来月、再来月には資金ショートの恐れもあるとしたら、どうすべきか。

第一のコツは、長期で借りることだ。いっときの資金不足なのだから頑張って短期で返そう、と考えてしまう人も多いが、自分の内実を冷静に見極めよう。「21」に書いたような「売掛金－買掛金」の範囲でおさめる運転資金の補助、あるいは固定資産となる設備への投資資金ではなく、赤字の補填なのである。

もちろん、銀行にそのまま伝えるわけにはいかないが、相手もプロなのだからお見通しだろう。次の利益を生み出すために必要な資金である、という体裁をなんとか整え、納得してもらうことが第一の関門となる。

〝急場しのぎ〟であるからこそ長期で借りたほうが良いのは、赤字の補填のために借金をするような会社は多くの場合、すでに「体質そのものが赤字」だからである。一朝一夕に改善されるはずはなく、根本的な改革をしなくては遠からず同じ事態がやって来る。時間をかけて体質を変化させる期間と考えることだ。もちろん、こうした借金を二度と繰り返さない、と心に刻むことも大事である。

第二のコツは、いったん既存の借金を完済する「借り換え」の交渉をすることだ。たとえば、五年長期で借りた一千万円のうち五百万円が残債となっている状態で、さらに別の金融機関（もしくは同じ金融機関）から一千万円を借りることになったとしよう。

この場合、残債の五百万円をいったん返済し、新たに一千五百万円を借りるのである。借入を複数にすると、毎月の返済額は確実に上がる。それよりは、一千五百万円を五年かけて年に三百万円ずつ返してゆくほうが、毎月の資金繰りに余裕が生まれる。また、借金をするときに金利を気にする経営者が多いが、いまは低金利の時代だ。借入金額を一千万円から一千五百万円に上げても、その差は数万円といったところであろう。

やむを得ないことだが、借金を増やすときの経営者は、冷静さを失いがちだ。しかし、会社が月にあげられる売上げと利益を現実的に計算し、可能な限り、ゆとりのある返済計画を立てよう。

借り換えをする場合、金融機関に隠しだてをする必要はない。正直に伝え、むしろ適切な期間の設定などを相談するくらいでいい。相手は、金を貸して利益を得るのが仕事だ。金利を払い、計画通りの返済をしてくれることのほうが大事なのである。

23 入れてから出しましょう

経営は信用が第一、その第一歩はすべての支払いを約束どおり行うことである、と考える人は多い。誠実で義理堅いが、経営者としては「正しい」とはいえない。

もし、お客様や取引先からの入金がない場合、金の流れが同経路である案件に関しては、こちらも取引先への支払いを遅らせる努力をしよう。

経営においては、「金は入ったら使う」が常道である。目の前の義理や体裁にとらわれて、この資金繰りの循環を壊すと、会社は血液がきちんと流れていない状態になる。また、循環を止めると、どこかに皺寄せがいく。つまり、別の案件で支払いが滞る恐れが出てくるのだ。それこそ、第一であるはずの信用を失ってしまう。

「入金↓支払い」を一連の流れとして考える。これを基本としよう。

では、予定より早く入ってきた場合、支払いのほうはどうすべきか？

当初の約束どおりに必ず払えるなら、貯めておいてもよいだろう。だが、人間とは不思議なもので、もっているお金は使ってしまうものである。会社も同じで、いざ支払いの期日が来たらどうも資金が不足している、ということはよく起きる。

入金が予定より早まったら、支払いも早める、と決めておくのも方法である。もちろん、相手が嫌がる理由はない。大事なことは、血液と同じでサラサラとした循環の良さを意識し、その流れをせき止めないように努めることである。

それが理想であることはわかるが、なかなかそうもいかないのだ、という人もいるかもしれない。

業界の商慣習、取引先との長年の関係などが壁となって、そもそも「先に払って、入金は後」が常識になっている。このパターンにはまっている業種や会社は、たしかに多い。

だが、難しさはあっても、やってやれない業種はない、と断言したい。

「入金→支払い」のフローになる仕事を少しずつ増やすことから始め、段階的に割合を高めていく、ということでもいい。「五年はかかる」というのなら、五年計画で取り組んでほしい。資金繰りの絶対法則である、と私は思う。

24 未回収金、粘るか、あきらめるか

もっとも厄介な問題のひとつである。

取引先や顧客が払うべきお金を払ってくれないという事態は、どんな会社にも発生する。この問題にどう対応しているかは、意外と各社で違いがあって個性的だ。社長や担当者の、性格や能力が如実に表れるからだろう。

ただ、基本的には「最後まで粘って回収する」か「深追いせずにあきらめる」か。大別すれば、この二つとなるようだ。

結論からいうと、やはり前者が正しい。

企業という「法人」は、お金を食べさせてあげなければ生きていけない。次の行動を起こせない。倒産した会社、経営状態の厳しい会社は、未回収金（売掛金）が多額になっているケースが多い。多くの取引先や顧客はまともに払ってくれているのだから大丈夫、という考え方は、譲ってはいけないラインを見極める力を失わせる。これが日常化している

会社は危険……理屈としては誰にでもわかるだろう。

かといって、未回収金を発生させまいと契約内容を過剰に厳しくしたり、取引先のフトコロ事情や与信情報をやたらと気にするというのもいただけない。事業が全体に縮小均衡の発想になり、新しい顧客を開拓する姿勢に欠ける恐れもある。

お金というものは、たくさん持っている人がいたら、一方には乏しい状態の人が必ずいる。また、それが移り替わっていくこともあるのが社会というものだ。社会で生きていく以上、私たちはその両方と出会う。いずれとも上手に関わることが大切である。

未回収金が厄介なのは、取り立てる行為が億劫だからだ。相手は自らの非を棚にあげて嫌な顔をするに決まっている。不愉快なやり取りになると予めわかっている人に会うほど気の重いことはない。

だが、回収も会社の必須業務。まずはそう決めよう。

となると、ノウハウをもつ必要がある。

私の経験からいうと、最良の方法は単純だ。相手のもとへ日参することである。実行するのは担当者でもいいが、場合によっては社長が自らやるべきだ。

今日も来たのかと言われ、居留守を使われることがあっても、何度でも通う。別に、闇金の取り立て屋になったつもりで凄んでみせる必要はない。目的を忘れてはならないが、世間話に時間を割いてもいい。人は、毎日のように顔を合わせる相手とはなるべく喧嘩をしたくないものだ。顔を合わせることに慣れれば、払えない理由、抱えている事情を明かしてくれる可能性も高くなる。すると、とりあえず今月はこれだけ払える、という話にもなっていく。今後の付き合い方も見えてくる。

日参するにはコストがかかる、という意見もあるだろう。

たしかに、相手の所在地によっては交通費がかかる。ほかにも時間的コスト、その間に他の仕事ができない労働コストも考えて、なるべく効率的に行う必要はある。ただ、とくに大口の取引先の場合、やはり日参は効果的である。

ほとんどが小口の取引先で、しかも未回収先が全国各地に散らばっている、という場合もあるだろう。これは、じつをいうとリスクの高い商法のひとつだ。少額なのに払わない人は、たんに性格がルーズであるケースが多く、督促の電話や手紙くらいでは態度を改めてくれない。これっぽっちの金額をわざわざ直接取りには来ないだろう、と高を括っていることもある。

だが、たとえ小口であっても、未回収金に対して甘い会社は危険である。このような場合は、銀行口座からの自動引き落としなど精算がスムーズにできるシステムを導入するなど、一律で新しい方法に切り替える必要もある。いまは初期費用もさほど高くないシステムが多く紹介されているが、もちろん、導入コストに見合った効果が出るかどうかは考慮しなくてはならない。

また、いうまでもなく前提となるのは、未回収金は「何件で、いくら」発生しているのか、経営者と担当者が常に把握していることである。

じつは、経営者が「だいたいこのくらい」としかわかっていない会社は多い。そういう会社こそが、未回収金に対して甘く、経営もルーズなのである。

まずは、いますぐに「何件・いくら」を確認しよう。そして、売上げの何パーセントにあたるかを把握しよう。厳密な目安ではないが、三パーセントを超えていたら、即座に改善策を立てるべきである。最終利益で売上げの三パーセントが残る会社は滅多にない。未回収金のせいで、あなたの会社は赤字に陥っている、ということになる。

未回収金は、最悪でも会社の利益金額を下回っていなくてはならない。

そして、その状態を保持できるのは、「未回収金をあきらめない」という方針をはっきりもっている会社だけなのである。

25 あなたの支払いが遅れるとき

「24」とは逆の話になる。

あなたが払えないときは、どうするか？

お金がたくさんある状態の人と、乏しい状態の人、両方いるのが社会だ、と書いた。あなたの会社も、その当事者である。資金が足りず、支払いに苦しむ時期は必ずある。そんな時期ばかりだ、という会社も多いのがツライところだが、このとき坂を転がり落ちないために、絶対に忘れてはならないことが、いくつかある。

相手は、前項で書いたような状態にある。あなたが不誠実であれば、回収のために金銭的・時間的コストをかけ、精神的疲労を負う。それでも回収できなければ、せっかくの売上げと利益を失うばかりか、さらに無駄な経費を使ったことになる。あなたの未払いが引き金になって、今度はその会社が、どこかに支払い遅延を要請するかもしれない。あなたのせいで、お金の回らない負の連鎖が発生するのである。

迷惑をかけるのは、まずは目の前の相手だが、間接的には後ろにいる多くの関係者も含まれる、ということをはっきり認識しよう。

そのうえで、どうやって支払い遅延を頼むか？

まず欠かせないのは、情報の開示だ。

自分の財務状況、買掛金は何件で、いくらあるのか、それらを可能な限り公開する。

いまは払えないが、このような返済計画を立てている、と説明する。

この二つができていると、じつは多くの場合、話はこじれない。こじれるのは、「じつは払えるのに払わないのではないか、こちらを軽く見ているのではないか」という疑念と不信をもたれたときなのである。

次に、返済方法の基本は、「分割」と「期限の明確化」だ。

今月末に、相手に百万円を払わなくてはいけないが、払えない。ならば、「十カ月で十万円ずつ」「一年間で六回にわけて何円ずつ」など、具体的でわかりやすい内容にする。

自分から連絡しない、相手からの連絡に居留守を使う、直接来ると知ったら出かけてしまう、などの〝その場しのぎ〟は絶対にしない、と覚悟しよう。一度でもやると、相手は「逃げた」とわかる。そして、ずっと忘れない。もしやってしまったことがあるなら、いまからでも意識して関係の修復を図ったほうがいい。

支払いの遅れをお願いするのは、もちろん社長の仕事だ。もしくは、社長の代理であることを相手が認めてくれるような人である。

また、苦しいときに優先しなくてはいけない支払いとは何か？　これも、経営難に陥ると間違ってしまう会社が多いので、確認しておこう。

1、銀行など金融機関への返済
2、社員の給料
3、税金関連
4、小口の取引先への支払い
5、大口の取引先への支払い

1から3は、ほぼ同等であると理解してほしい。1が滞ったら、いまはほぼ一発でアウトの時代だ。2は、会社に収入をもたらす原動力である。3は、会社が社会における公的な存在であることの証明。この三つが揺らいでしまった会社が、4、5が可能な会社に戻るのは難しい。

問題は、4と5だ。この順番を誤る会社は少なくない。

約束の支払いをしないというのは、額の多少に関わらず信用不安につながる。あそこが支払いをしてくれない、危ないのではないかという噂が出るのを少しでも防ぐためには、その元となる〝口数〟を減らす必要がある。それに、大口であろうと小口であろうと、誠意ある説明はしなくてはならないし、そのためにかかる時間も同じなのだ。小口の支払いは常にキレイに済ませたほうが合理的である。

大口の取引先のほうが「法人としての友達関係」は強固である、ともいえる。内情も開示しやすいし、むしろ信頼関係の維持につながる場合もある。

また、これらの措置の前に率先して手をつけるべきは、当然ながら社長の報酬である。自分の身を削らずに他人に迷惑をかける人は、なにを訴えても通じない。

金が回らず、支払いに困ったとき——。もっとも真価が問われる場面である。

どのように周囲と向き合い、理解してもらうか。傷口を最小限にとどめるか。会社としての思想と、切り抜けるノウハウを備えておこう。

26 赤×1＝黒×3

中小企業の場合、一期の赤字で受けるダメージは、三期分の黒字を失ったに等しい。

私の経験からいえる等式である。

安定した黒字を確保している中小企業は稀で、この状態に入ると中堅規模に成長するのは早い。だが、ほとんどの中小企業は、経費を切り詰め、なんとか頑張って最終利益を出している。いや、これでは言葉が足りないかもしれない。ギリギリのところまで頑張って頑張って頑張って、だが力尽き、ついに赤字を出す。

このような場合は損失額のコントロールも難しくなっており、糸が切れたように大きな赤字が出るものだ。私が見てきたところでは、たとえば年商数十億円の事業規模であれば、発生する損失額は八千万円を超えることがほとんどである。また、こうした会社は大抵、赤字のときは多額になる一方で、黒字のときは額が小さい。多額の利益が出るのは、想定外のヒット商品や外的な要因があった場合に限られる。

事業内容が飛躍的に変化するわけではないのだから、発生した損失を次の一年で取り戻すのは、ほぼ不可能だ。かなり真摯に改善に取り組んだ企業でも、最低三年はかかる、ということになる。

新年度が始まるときが、分岐点である。

経営者ならば、つくった赤字の挽回を図るのは当たり前だ。何をするか？　ある社長は、既存事業に例年の倍の投資を行う。たとえば小売業なら例年を超える出店をして赤字を埋めようとする。ある社長は、既存事業に見切りをつけて、インターネットなどの新規分野に投資する。

だが、その前に一度立ちどまり、赤字を生んだ原因を見直してほしい。

事業を営んでいると、常に新たな赤字要因が発生する。経営というのは、それをその都度つぶしながら進めていくものだ。決算で赤字が出るということは、その赤字要因をつぶせなかった、または赤字要因が多すぎて対応できなかった、ということなのである。

新年度の最初のテーマは、いまある人材と事業内容を継続しても黒字に転換することは可能なのかを吟味することだ。難しいとすれば、これまでの事業方法が限界にきたことを受け入れ、構造を大きく変えなくてはいけない。

先に書いた、既存事業への倍の投資は、すでに利益を生みづらくなったパターンを倍することであり、傷口をさらに広げるリスクがある。だからといって、新規事業への投資はさらに危険だ。新たに始める事業が一年目から利益を生むことは少ないし、多大な人的労力を伴う。また、赤字に陥っているだけに新たな人材を採用することを躊躇い、既存の従業員で回そうとするから、労力の分散を引き起こす。

では、どうするか？

「既存事業を徹底的に見直す」

もっとも地味な選択だが、他にはない、と私は断言する。

まずは丹念な既存事業の改善に取り組み、翌年はなんとしてもトントンにもっていくことができたら、赤字によって発生したリスクを解消する第一歩だ。もちろん、これで安心してはいけない。地味な展開だけに、きちんと解消するには数年……私の持論では三年を費やす、と心に決めることである。この間はいっさいコストをかけるな、という意味ではない。手探り状態で始める新規事業より、既存事業の改善のほうが容易だし、投じる資金やかかる時間も効率的なのである。

マイナスを生んだ既存事業の見直しをしても焼け石に水なのではないか、という不安もあるだろう。だが、赤字を生んだのが既存事業であるということは、改善すべき余地も必ずあるということだ。むしろ、放置すると収益構造は弱体化したまま戻らなくなり、いずれ事業自体が成り立たなくなる。全体を、事業の一つひとつを、じっくりと見直してみよう。

新規投資へ逃げない。赤字に陥ったときは地道こそ早道。

これが私の経験則である。

赤字を出した経営者のなかには、「大変だったけど……さあ、新しい年度が始まったぞ」と一年ごとに発想をリセットする癖をもっている人が多い。新規事業によって次の年が黒字になると、もう経営を建て直したような気分になってしまう。

これがいちばん危ない。赤字を出す構造的要因は解決されていないから、次の年はまた赤字になる。すると次は挽回を図って再び投資、次は……という調子で、いつまでたっても負のループから抜けだせない。繰り返しになるが、その場しのぎをせず、三年先までは我慢の経営が続く、と覚悟を決めよう。

もちろん、そうならないよう期中から推移を把握し、執拗に黒字を追求することが大原則である。

27 黒字には2種類ある

会社経営は、黒字を恒常的に続けられるのが理想である。言わずもがなのことで、経営者なら誰だってそうありたいと願っている。ところが創業から数年もすると、「黒字にする」ことに追われるばかりの苦しい状態に陥ってしまう会社が多い。

かつて、十年連続で黒字を計上した中小企業があった。残る利益は毎年、判で押したように三百万円前後……かつて私がいた、家業の鞄店のことである。

こういう会社の実態は、間違いなく赤字だ。売上高はゆっくりと減り続けているのに、はかったように同額の利益を出していられるのはおかしい。「黒字であった」ことを示すために、無理な操作をしていると考えるほうが自然だ。代表的なものは、売掛金の水増しと、買掛金や経費の計上の先送り。私のいた会社に限らず、中小企業から名のある大企業に至るまで、そこらじゅうで行われている。

なぜ、会社は「なんとしても黒字でなくてはいけない」のか？

もう一度、根本的なところを整理してみよう。

金融機関が融資をする際、あるいは取引先が与信調査をするときに、決算書は第一資料となる。決算が赤字では、やはり信用を得られない。

金融機関は、赤字の会社に金を貸すことを嫌う。長く低金利の時代が続いているが、それでも金を貸し、わずかでも利子を得るのが金融機関の商売だ。最悪のパターンは、貸した元金さえ返ってこないことである。したがって、赤字を補填するための融資には応じられない。元金が返って来ない危険性があるからだ。

ただし、一度や二度の赤字があっても金融機関が融資をするケースもある。利益はそこそこでも、キャッシュフローが潤沢な会社だ。事業を続けるなかで、現金・預金がきちんと蓄積できている会社なら、金融機関は避けたりしない。

ここにこそ、会社が黒字でなくてはいけない本当の理由が表れている。

キャッシュフローが順調に増えているというのは、結局、その会社が「真の黒字」を基調としてきたことの証明なのだ。

私がいた鞄店は、十年連続で黒字を達成しながら、キャッシュフローは恒常的なマイナスを続けていた。親族の資産などを担保に新たな借金を重ねながら、資金不足をなんとか乗りきっていた。毎年の事業のなかで真の黒字を計上し、少しずつであってもキャッシュフローを充実させていく。そういう方向へ舵を切るきっかけを得られないまま、倒産へ向かっていったのである。

金融機関や取引先などの対外的な信用を得るために「形だけを整えた黒字」。

利益が残される仕組みを構築した「体質としての黒字」。

黒字には二種類あるというのは、そういう意味だ。

毎年のように前者を繰り返している限り、経営は改善しない。むしろ、先送りした問題が年々大きくなって、続けるほど苦しくなっていく。

「いやあ、今年も苦しかったけど、なんとか黒字にもっていったよ」と安堵の表情を浮かべる社長を見るたびに、私はかつての家業を思い出してしまうのである。

事実上は赤字だった、という内実のほうを、厳しく認識しなくてはならない。「体質としての黒字」を計上するために、いますぐに抜本的な見直しを始めてほしい。

もちろん大変なことだが、だからといって「形だけを整えた黒字」のまま死ぬまで逃げきろうと思っているなら、甘いといわざるを得ない。百パーセント不可能とは言いきれないが、私はここで「宝くじを当てる方法」を説くつもりはない。

最後に、やってはいけない「よくあるケース」を、もう一つ挙げておこう。

決算をまとめ、前期の「事実上の赤字」の金額が見えると、今期はその金額分だけ経費を削ろう、と考える経営者もしくは経理担当者が、なぜか多い。前期の決算の事実上の赤字が三百万円だったとすると、今期は経費を三百万円減らそう、そうすれば赤字が出ないはずだ、と単純な計算をしてしまうのである。経理担当者も、そのほうが従業員に説明をしやすい、と考える。

だが、前期の赤字金額から今期の計画を立てるのは、まったく無意味だ。あくまでも前期の売上高と経費によって発生したのであって、今期もまったく同じ売上高と経費が発生するはずはないのである。

急がば回れ。「体質としての黒字」を積み重ねられる仕組みを考え、構築することが、最優先の課題である。

28 四半期で見よう、1日でも早く!

売上げが安定的に伸びず、むしろ下がることの多い会社がほとんどの時代、経営者や幹部は、日々進捗する損益の現状に、もっと敏感にならなくてはいけない。

ところが、丼勘定でもなんとか回っていた右肩上がりの頃と変わらず、損益計算書を見るのは決算をまとめる年一回だけ、という人があまりにも多い。

「今年の汚れ、今年のうちに」である。期中に赤字が発生していると知ったら、即座に収支構造の見直しと改善を図らなくてはいけない。これは事業規模に関わりなく、すべての会社に必要なことだ。

伸びていない会社なら、四半期ごとのチェックは最低条件。

可能であれば、一カ月ごとに。

まず、これを前提としたい。

ここに記しておきたいのは、それを「使える習慣」にするためのテクニックだ。

四－六月の第1四半期が赤字だったとする。ところが、その損益計算書を見るのが七月の下旬だったとしたら、すでに第2四半期の三分の一が終わっている。収支構造の建て直しを図るにしても、改善策を第2四半期に実行することはほぼあきらめなくてはいけない、ということになる。これでは、四半期ごとに損益を把握する意義も半減してしまう。

いま、一部上場企業は決算日から二カ月後に決算発表をするのが通例になっている。もっと早い企業だと、四十日で発表というのもある。そして、二カ月で決算発表をする会社は決算日から二週間後、四十日の会社はなんと二、三日後には、経営者・幹部が損益計算書を見られるようになっているという。

このスピードは、中小・零細企業も採り入れるべきである。四－六月の決算であれば、七月一日を理想として、できれば一日でも早いほうがいい。

このように書くと、「経理部だけで何十人もいる大会社だからできるんだ」「ウチの経理部は一人だけ、とうてい不可能」という声もあがるだろう。

でも、「最低でも四半期」ごとに、「一日でも早く数字を把握する」にはどうしたらよいか、そこに意識を集中しよう。

必ずしも、詳細な、綿密な損益計算書を作る必要はない。一日でも早く知らなくてはいけない項目を、絞り込むのである。

その項目とは何か。

私から提案するなら、まずは最低限、その期間の売上高と、粗利（実際の収入となる金額）を押さえておけばいい。加えて、売掛金（未回収金）と買掛金（未払い金）の推移を把握できていれば、なんとかOKだろう。

支出の多くを占める一般経費（販売費及び一般管理費）も、把握できるに越したことはないが、これは人件費、家賃など固定費の占める割合が高いこともあり、多くの会社はわりと毎月、一定の金額になる。そのような会社であれば、概数が頭に入っていれば後に回してもよいと思う。

一般経費も変動しやすいから短いスパンで把握したい、常に把握しておきたい、という場合は、たとえば社員への経費の仮払いに応じる日を「毎月の〇日だけ」と限定するなど、不測の支出が発生するタイミングを統一すると良い。

そんな窮屈なことをしたら、社員から不満があがる？　ならば、なぜそうする必要があるのか、会社がどのような状態にあって、経営者としてどんな改善を図っているのか、言葉を尽くして説明することだ。もちろん、社員に対して月に一日だけと指定しておいて、経営者や幹部はいつでも好きなときに出してもらえる、というわけにはいかない。全員で、このルールを守る。

もうひとつ加えると、経理担当者への配慮も必要だ。経理部門はストレスの大きな仕事である。お金の出し入れを預かっているので常に緊張が求められるうえに、業務内容を知らない別の部署の社員達から、あれこれとワガママを言われる。社長の要求も細かくなりやすい。

そのうえ、四半期の収支を一日でも早くまとめるとなったら大変かもしれない。だが、それが経営改善に繋がることを理解してもらう。大変だけど、そのぶん意義のあるものだと知ってもらうのである。同時に、経理部の業務の効率化も進めるといい。支払いのために銀行へ行く回数など、軽減できることを探そう。

短期間でチェックすべき項目は、会社によって違いもあるかもしれない。あなたの会社だけの、一日でも早く見られる「四半期決算短信」づくりを試みてもらいたい。

29 あなたの赤字は周りの迷惑

おそらく、社長というものをやっている人間が思わず言ってしまう、代表的なセリフの一つなのだろう。

「今期は赤字になりそうです。ほんとに厳しい時代だねえ」

このようなことを平気で言う経営者と、数えきれないほど向き合ってきた。大変でしたねと労ってほしいようにも、よく頑張りましたねと褒めてほしいようにも見える表情を、こちらに向けてくる。

私はそのたびに複雑な気持ちを抱えながら、まずは肯定的に相槌を打つ。相手は同意してもらえたことで気をよくしたのか、つづけてその原因を語る。

必ず出てくるのは、「従業員の働きが悪い」。次に多いのが、経済情勢、政府、業界、消費者の変化など「環境のせい」。そして「何をするにも資金が足りない」。

いちばんは私の力不足なんですがね……口先だけでも言えれば、まだマシなほうだ。それでも、自分がどう力不足だったかという分析は、「他人」や「環境」について語るときに比べてはるかに甘い。

ときには返事をするのもイヤになって、黙る。私は愛国主義者でも何でもないが、この国はいったいどこへ行くのだろうか、と思う。

戦後の闇市から立ちあがった経営者たちは、こんなことを言っている暇さえなかっただろう。だが、高度経済成長期とバブル期を経たあと、ずるずると飼い殺しのような状態が続く「長引く不況」にならされたことで、日本の、とくに中小・零細企業の多くは何か大事なものを失ったまま今日に至っているのではないか。

失ったものとは、自ら為したことには自ら責任を負うというプライド、自覚のようなものである。物事がうまくいかないのは誰かのせいである、と悪者探しをする病がマスコミから学校の教室に至るまで蔓延していて、多くの経営者もその一員になっているように見える。

その象徴が、鞄店を経営していた私の父であろう。あるいは、一時期は家業を継ごうとし、倒産させ、自己破産までした私であろう。赤字という深刻な事実を、まるで誰かのせいであるかのように屈託なく語る姿の向こうに、私は、かつての父や自分を見ているのだと思う。

会社が赤字を出すとは、どういうことか。

それは必ず「誰かに迷惑をかける」ということなのである。

一千万円の赤字が出てしまったとしたら、即座に、あるいは近いうちに、もらうべきはずのお金をもらえない人が出てくるのではないだろうか。

もっともわかりやすいのは従業員だ。次に取引先、金融機関である。

大金持ちが半ば道楽（あるいは高い志）でやっていて、赤字などいくら出しても大丈夫、という稀少なケースもあるかもしれない。だが、それだって目論んだ売上げや利益が計上されないということは、もっともらえたはずのお金をもらえなくなっている関係者が必ずいるだろう。

どんな規模であろうと、会社を経営するとは、そのような社会的責任を負っている、ということだ。赤字を出すということは、その責任を果たせず、周囲に負担を与えている、ということなのである。

あなたは、社会の迷惑者なのだ。もしかしたら、もう辞任すべきかもしれない。だが、いきなりそんなことをしたら輪をかけて迷惑する人も出てくるし、代役を務めてくれる人もいないから、とりあえず肩身の狭い思いをしながら続けるのである。

総理大臣が、「この国は永遠に赤字です。これまでの政府や、愚かな国民のせいですけどね」などと言ったら、すぐに退任へ追い込まれるだろう。マスコミに取り上げられるような経営者で、そんな言い訳をする人もやはりいない。

首相や有名経営者を尊敬しろとはいわないが、中小・零細企業であっても、プライドや責任感の量は等しくもっているべきだ。

もちろん、誰かのせいにする風潮を正すべきなのは社員の側も同じだ。社長が無能だから、部長が使えないから、だから俺はいい仕事ができないのだ、という社員は醜いし、自分が何を糧に生活しているのかをわかっていない。

それでも、まずは経営者である。

あなたの会社が赤字を出した責任は、あなた以外にはない。そしてあなたが出した赤字は、周囲の人に多大な迷惑をかけている。

赤字を出したときは、まず、そこに立ち帰ろう。

30 斜陽産業を生きる

市場が毎年のように縮小しつづけている業界を、よく「斜陽産業」と呼ぶ。

その業界の核となる商品が、かつてほど消費者に求められておらず、また、それが一時的な景気の動向に左右されているのではなく、時代の流れの必然もあると考えられるならば、たしかに「斜陽産業」であろう。

たとえば、いまあなたが手に取っている「本」、つまり出版業界も、そういわれることが多いようだ。市場全体の売上げが、この二十年ほど減少傾向にあるという。

私たちの生活の変化を見れば、納得はできる。かつては書籍や雑誌を買うことでしか得られなかったが、いまはパソコンや携帯電話のほうが早くて便利、という情報・娯楽はたくさんある。一昔前まで、電車内で読むものといえば新聞、雑誌、文庫本だったが、いまは、ほとんどの人がスマホの画面を見ている。

こうした変化の波に乗り、出版を広い意味での「情報・娯楽産業」の一部と捉える出版社も出てきているようだし、新しい分野への挑戦が成功している企業もあるだろう。たしかに、時代の変化にうまく対応できればいうことはない。

マスコミは「不振の業界に新風を吹かせた企業」を取り上げ、書店へ行くと「次の成功者はアナタだ！」と希望を抱かせるような本が溢れている。

だが、成功者の発想やノウハウを知ったところで、なかなか同じようにはいかないものである。成功とは、その成功者に独自のものだからだ。もちろん、ヒントはあるだろう。良いと思ったことは実行してみるべきだ。もっとも、この「即実行」に移せる人が少ないのだが……。

私が考えてほしいのは、斜陽産業のなかで抜きんでた成功者となる方法ではなく、そのなかにあっても会社が倒産しない方法だ。その現実をどう捉え、何をすべきかである。

かつての自分に、悔いがあるからだ。

私が勤めた家業の鞄店は、ノーブランド（＝メーカーのブランド価値に頼らない、価値は物そのものにある）を売りにしていた。品質や使いやすさなど、本質的な部分に重点を置く、という方針で品揃えをしていた。掲げた理想は美しいし、消費者が「もっといい鞄をもちたい」「いろんな鞄がほしい」と望む時代には、それも方法ではあった。

だが、消費者の心理は変化していった。少なくとも一九九〇年代には、高額商品にしろ比較的安価な商品にしろ、有名ブランドを頼らずに鞄店を営むことは難しくなっていたのだ。日本に限らず、先進国はすべて同じ傾向にあった。皮革製品を好む国民性をもつイタリアでさえ、ノーブランドの鞄店はめっきり減っていた。

問題だったのは、ここからである。

まずは、思いきってメーカーのブランド価値に頼った商品構成に切り替えるか、従来のままノーブランドが売りの鞄店を営むかを明確にしないまま、中途半端に従来の品揃えを続けてしまった、というミスがあった。

また、従来の方針を貫くのなら、意味は少し異なるが、「斜陽産業」のなかでやっていくのと同じ発想が必要だった。あくまでノーブランドを売りにするならば、取り込める客層はどうしても絞られる。そこを徹底し、店舗数も売上高も徐々に縮小させ、出店先の立地なども抜本的に見直さなくてはならない。だが、それまでと変わらず人気の商業ビルにハイリスク・ハイリターンの出店をし、それゆえ売上予算も常に増収を見込んだ。結果は逆で、ひたすら赤字を膨らませ、倒産へ向かっていったのである。

ここ数年は、消費者の価値観も再び変わっている。全体の市場規模こそ上向いていないが、ブランド品よりも、自分が本当に気に入った鞄をもちたい、という層も年代を問わず出てきている。いまの時代まで持ちこたえていたら……と思うこともあるが、後の祭りだ。企業は、倒産してしまったら終わりである。

「なぜ、そんな過ちを?」と思われるかもしれないが、多くの企業は、私がいた鞄店と似ているのではないだろうか。

まずは、業界の市場動向を見極めよう。

市場が毎年、数パーセントから十パーセントの縮小を続けているという業界は多いだろう。多くの産業は、「導入期→成長期→成熟期→衰退期」のライフサイクルをたどる。自分の産業はどの段階にあるかを、根拠のない希望的観測をせずに、厳しい目で、シンプルに受けとめよう。多くは、「成熟期→衰退期」の過渡期か、すでに衰退期、このどちらかであろう。

もちろん、そこを認識するだけでは、まだスタート地点に立ったに過ぎない。「ウチの業界は厳しいよ」と言うだけなら、居酒屋でクダをまくのと同じだ。ではどうする、という対策が出てこなければ、始まらない。

今期の売上げが前年を下回ったとして、来期の売上げ予算をどう組むか?

縮小がつづく市場でやっていくのだから、これまでどおりの頑張りでは自分の会社も同じようにマイナスが続く、ということである。他社より頭ひとつ抜きんでた頑張りがあって、やっと前年並み。プラスに転じるには、さらなる奮闘が求められる。

プラスを生むだけの具体的なアイデアと計画が、あるかどうか？

探しているところだ、というならば、来期の売上げ見込みは当然、減収にすべきだ。闇雲に「めざせ増収！」と発破をかけたところで、社員はどこへ向かって走ればよいかもわからない。

売上げ予算が減収ならば、かける費用も削るのが常道だ。ただし、社員を切る、給与を減らすというのは最終手段である。経営難による減給は、人員の流出を招く。

まず、経営陣の報酬を見直すことだ。次に、これまで慣習に従って垂れ流していた経費を見直す。これまでに書いたとおりである。自身の身を削ることは、「頭ひとつ抜け出すアイデア」を生みだす原動力にもなる。

これを一年見逃して、具体性のない増収増益を目指すと、赤字経営の始まりになる。三年放置したら、豊富な資産でもない限り、間違いなく危機が露呈するだろう。

赤字を出すと、借金を返せなくなる。衰退期だけに、挽回するチャンスが降って湧いてくることはなく、尾を引く。身動きが取りにくくなり、仮にチャンスが回ってきても、捉えることが困難になる。

市場の衰退期に大切なのは、売上げは落ちるという前提で予算を組むこと、赤字を出さないことである。「赤字を出さない」とはもちろん「27」で書いたとおり、黒字を出せる仕組みを作る、というのとイコールだ。

最後もまた、保守的な、初歩的な、厳しいことばかりを書いたかもしれない。だが、斜陽産業のなかで新たな業種、事業に挑戦するにせよ、従来の方法を継続して顧客層を絞り込むにせよ、まずは、それを実行できるだけの土台作りをしてほしいのだ。

「つぶれない会社」にすることを、いつも忘れずに。

そのうえで、いつか、あなたにしかできない事業、魅力的な会社を作り上げてほしい。

あとがきにかえて

この本が出ることになったのは、私の中学生時代からの友人、北川友一郎くんによるところが大きい。この文章も、彼に感謝したくて書いている。

青春を共にした、良き友であった。

彼は文才に優れ、数字が好きな私とは対照的であった。国語の成績はずば抜けており、私には彼がなぜ高い点数を取れるのかさえ判らなかった記憶がある。いつも文庫本を手離さず、暇さえあれば読んでいた。そんな彼に、何を読めばいいかと本を紹介してもらったことがある。太宰治を数冊読んだが、タイミングも悪かったのか気持ちが暗くなるばかりで理解もできず、文章を好きになることもなかった。

思えばあの頃から、彼は人との会話を重んじ、私は物事の損得を重んじる人間だったような気がする。

四十代の半ばになって、彼から電話があった。話すのは中学を卒業して以来である。彼の会社がコンピュータに関する新事業をはじめたので、意見を聞きたいということだった。私は大学こそ理系だったがその後は鞄屋であり、良い意見を言えた記憶はない。その後も数回呼び出されたが、また音信不通となってしまった。

数年後に再び呼び出されたとき、彼は会社の社長となっていた。

話すうちに、彼は業界と従業員についての愚痴をまくし立てた。連絡をくれた理由も、そこにあったのだろう。かなり厳しいのか、と会社の状況を訊くと、惨憺たるものであった。彼も含めて三人で出版社の営業を請け負っているのだが、月の収入は五十万円程度。とても成り立つ売上げではない。

そもそも独立することじたい、彼らしくない行動であった。古巣の出版社から社員二人を付けられて設立したというが、彼は誰かに指示をして組織を動かすというよりは、皆でワイワイガヤガヤするのを好むタイプだ。

長年勤めていた会社の社長が、退職金代わりとして新設した会社を譲ってくれたのだという。その会社からも仕事を請け負っていて、取引の内容もそれなりに好条件ではあった。ベテラン社員をよい形でスピンアウトさせたのか、体の良い切り捨てだったのか……どちらにせよ、彼は独立から数年で、最悪の状況へ突き進んでいたのである。

彼の素晴らしいのは、そんな状況にも関わらず、業界の仲間がいろいろと応援してくれることであった。この本の版元である産学社の社長・薗部良徳さん、書店業界で長く活躍され、当時は平安堂で仕事をされていた今泉正光さんらとお知り合いになれたのも、この頃である。彼らは苦しんでいる北川くんを、なんとか助けようとしていた。私が苦境に陥っていた時にはなかったことで、彼の人徳だなと敬服した。

とりあえず対策を打たなければヌカルミが深くなるだけなので、会社全体と従業員一人ひとりの売上管理から始めた。しかし、元の会社との取引は打ち切られ、苦境から脱するチャンスを見いだせないまま時間ばかりが過ぎ、その苦しさから彼は昼間から酒を飲み始める始末であった。人に対してドライになれないところが、彼の長所であり弱点だ。こちらから人員削減を提案しようと考えていたところ、まずは一人が自主退職し、しばらくしてもう一人も辞めた。ならば必要なかろうと、事務所を引き払った。

この一連の出来事で、彼は疲れきっていた。過去は過去、心機一転がんばろうとした矢先に、癌が見つかった。大きな手術となり、一度は退院したものの再発し、しばらくして帰らぬ人となってしまった。二〇一二年九月のことである。借財は会社保証のものが大部分で、残された家族に回されたものが少しだったのは、せめてもの幸いである。

彼の体調が急激に悪化した最大の原因は、支払いの催促に対応するストレスだったと思う。取り立てる方に言いたい。もちろん、支払いを迫るほうも大変だ。だが、相手が払えないのは、それなりの理由がある場合が多い。せめて、相手の内情を把握したうえで行なって欲しい。

いま、私は自分の名刺に「倒産したＭＢＡ」というキャッチコピーを載せている。自己破産したばかりのころ、学生時代の同級生が付けてくれた。

破産といっても、たんなる手続きであり、おおごとではないように感じる人も多いかもしれない。実際に経験すると、法的な助けを借りなければ立ち直れない者になったという事実が重くのしかかる。疎外感も非常に大きい。私が自己破産を裁判所に申し立てたのは十二月二十五日だが、郵便物は信書になり、免責決定までは管財人の検閲が入る。年が明けても年賀状が届かず、惨めな思いをしたのを覚えている。

破産直後の私にとって、「倒産したＭＢＡ」というフレーズはあまりに厳しかった。しかし、今後の自分を活かすならば大きなインパクトになるのもたしかだった。ニッチなコンサルティングには使えるだろうと、尻込みする気持ちを捨てることにした。

この本を通して、ＭＢＡとは何だろうと再考させられた。結局は家業を倒産させた私にとって、必要だったのか？　有意義だったのか？　十年以上、いろいろな会社のサポートを経験するなかで、なぜ家業は倒産したか、その経験をもつ自分に何ができるかを考えさせられる機会も多かった。

ＭＢＡでは、会社を筋肉質にする術、守備する術＝管理力は教わったと思う。しかし、勝つ力、攻撃力は起業家のアイデアと推進力がものをいう。ＭＢＡでもそれらを教わらなかったわけではないが、学んだのはあくまでも「考え方」だ。

成功された経営者の本が書店にはたくさん並び、売れている。しかし、読んだ人がそこに書かれているのと同じことをできるかといえば難しい。必要なのは、時代に合致したアイデア、実行するタイミングに加えて、先駆者として世間から浴びる批判を跳ねのける推進力、もっといえば自分を信じる力が大切だと感じる。

どちらが大切かときかれても答えられない。管理力だけでは縮小均衡に向かうし、アイデアや推進力だけでは資金ショートと隣り合わせになる。どちらか一方に偏ってはいけない。バランスが大切なのだ。既存事業から利益がでて資金調達力が増せば攻めるべきだし、赤字で資金がなくなっていくなら守らなくてはならない。単純なことだ。

会社経営で私がもうひとつ大切に思うのは、「いま必要なことは、いま行わなくてはいけない」である。経営には終わりがない。先送りすれば、そのぶんだけ利益は減る。あるいは負債を抱える。

私がお客さんの会社に一員として加わるかたちで仕事をする理由も、ここにある。

経営書を読めば、しなければならないことは網羅されている。アイデアのヒントも書いてある。著名な先生の講演を聴けば、感動し、奮起する。著名なコンサルタントの指導を受ければ、気持ちは満足する。

しかし、自分の会社が「いま、この瞬間」に何を選ぶべきかは書かれていないし、誰にたずねても答えはない。それは、内側で日々の状況を掴んでいる者でない限りわからないのだ。守るべき時期に攻めることに熱中したり、攻めどきなのに守ってばかりいては、継続や成長はない。

あらためて自己PRをします——。私は、倒産した会社で実務を行なっていました。倒産に向かうときの雰囲気や変化を体得しています。攻守を使い分けるタイミングを知っています。この経験を使ってほしいと思っています。

この本は、北川くんと今泉正光さんによって二〇一一年十月に提案され、刊行まで三年を要しました。

多くの方のご協力を頂きました。とくに、私の言いたいことを文章にしてくれたライターの石橋毅史さんには感謝の言葉しかでません。また、世間ウケするかどうかもわからない私の主張を本にしてくださった産学社社長の薗部さん、私を引き上げてくださった今泉さんには、一生頭が上がりそうにありません。

そして、企業の成長を謳うMBAでありながら倒産してしまった、そんな生徒が出す本の解説を快く引き受けてくださった青井先生に深く感謝し、内容を重く受け止めます。
最後に、北川友一郎くん。ありがとう。

二〇一四年九月

梶田 研

この本は梶田君が自己破産を経験した経緯のインタビュー編と本編に分かれているが、それらは同じコインの裏表と考えていい。

そうでないと、この本は単なる事業継承を失敗した息子の〝悔やみごと〟(インタビュー)と〝ああ　そうね！〟とさらっと流し読みをする、体系だっていない30項目に終わってしまう。インタビューの部分を読みながら本編を参照する、本編を読むときにもインタビューの対応部分を推察するという読み方が推薦できる、少し面倒でしょうが。

著者の梶田君は、だいぶ前に私の慶應ビジネススクールのゼミを卒業した。彼は高度成長がしみ込んだ〝東京タワー世代〟と、これから先は明るくなる確率は低いと開き直る〝スカイツリー世代〟に挟まれた世代の人間である。この本で、東京タワー世代の経営者に向かって〝成熟時代の斜陽産業〟という割り切りを迫っている。〝ゲームのルール〟は変化している。売上成長がすべての企業の課題を解決するという作業仮説を完璧に否定する。企業経営はビジネスチャンスに

〝俊敏〟に対応しようとするより、〝次の打席にたつことができるように〟持続性を考えた経営の重視を主張する。世間には経営者のわからないことも存在する。〝何を知らないかを知る〟ことの重要性を、感度分析という手法を解説し、ギャンブルを避けることを説くことによって〝不確実性の時代の経営〟のありかたを本編で主張する。別の表現をすれば、経営者は製品・サービス市場には関心を持っているが、金融市場・労働市場の変化には適切な関心を払っていないと警告している。〝ロバストな経営〟を志向すべきと説いている。

またインタビュー部分は事業承継マネジメントの視点からも興味深い。これまでのファミリービジネスの事業承継では〝譲るサイド〟の立場の考えが多かった。しかしこの本では反対に、〝譲られるサイド〟からの事業承継マネジメントの課題を見事に抽出している。もちろん〝譲るサイド〟の論理・価値観が述べられていないので〝片手落ち〟であることは認めるが。

梶田君は、不確実性に満ちた社会において、ファミリービジネスが持続性を重視した経営をするための指針を展開している。ファミリービジネスの経営スタンスは、〝祖先から譲られた事業というより、子孫から委託された事業〟という姿勢を取るべきで、子孫の多様な選択肢を確保していくためにも、〝現在の環境に合い続ける経営戦略〟が必須で、今は〝つぶれないための経営〟の優先度を高めることを主張している。

ビジネススクールの学生は、世間からみると〝きわめて例外的な、上昇志向の強い人種〟であろう。ファミリービジネスで働く多くの人々は、家族のために自分の能力を最大限に生かす人々と考えられる。CEOになるという野望はさらさらないようである。そのような人のための〝雇用〟を持続するための〝ロバスト志向の経営〟、それを梶田君は自分の体験から訴えている。

経営を確率分布で考えれば、アップサイドの機会志向を〝あえて戦略的に捨てる〟経営の時代といいたいのではなかろうか。個人的には〝起業家的なアップサイド・オポチュニティー〟と企業倒産という〝ダウンサイド・リスク〟を勘案するバランスのいい経営を志向すべきであると思うが、読者はどのような判断を選択しますか？

最後に、この本を他人の人生も部分的に背負う覚悟のファミリービジネス経営者へのすぐれた助言を与えるものとして勧めます。きれいにまとまっていないところが魅力です。梶田君にとって慶應ビジネススクールで学んだことより、そこで培った〝縁〟のほうが彼の人生に役立ったことを重視してください。

時代は変わる、市場の常識も変わる、しかし、〝縁〟のほうはもう少し持続すると。

青井 倫一（慶應義塾大学名誉教授、現・明治大学大学院グローバルビジネス研究科　研究科長&教授）

【著者紹介】

梶田 研（かじた・けん）

1961年東京都生まれ。
筑波大学第三学群卒業後、
慶應義塾大学大学院（MBA）卒業。
卒業と同時に家業の鞄販売業の会社へ入社、
跡継ぎとして嘱望されながらも15年後に自己破産を経験。
その後、コンサルタントして再起する。
現在、数十社のコンサルタント＝サポーターとして活躍中。

連絡先　k_kajita@afellus.jp

自己破産したMBAだけが知っている
つぶれない会社の鉄則30

初版 1刷発行 ●2014年10月10日

著　者
梶田 研

発行者
薗部 良徳

発行所
㈱産学社
〒101-0061 東京都千代田区三崎町2-20-7 水道橋西口会館　Tel.03（6272）9313　Fax.03（3515）3660
http://sangakusha.jp/

印刷所
㈱ワイズファクトリー

©Ken Kajita 2014, Printed in Japan
ISBN978-4-7825-3368-0 C0034

乱丁、落丁本はお手数ですが当社営業部宛にお送りください。
送料当社負担にてお取り替えいたします。
本書の内容の一部または全部を無断で複製、掲載、転載することを禁じます。

産学社の業界大研究シリーズ

投資銀行業界大研究［新版］	齋藤裕／著
印刷業界大研究［新版］	印刷業界研究会／編
大学業界大研究	大学経営研究会／編
コンサルティング業界大研究	ジョブウェブコンサルティングファーム研究会／編著
金融業界大研究［第3版］	齋藤裕／著
ファッション業界大研究	オフィスウーノ／編
農業業界大研究	農業事情研究会／編
弁護士業界大研究	伊藤歩／著
物流業界大研究	二宮護／著
介護・福祉業界大研究	松田尚之／著
化粧品業界大研究	オフィスウーノ／編
家電・デジタル機器業界大研究	久我勝利／著
非鉄金属業界大研究	南正明／著
映画・映像業界大研究	フィールドワークス／著
自動車業界大研究	松井大助／著
機械・ロボット業界大研究	川上清市／著
ネット業界大研究	ネット業界研究会／編
ホテル業界大研究	中村正人／著
医療業界大研究	医療業界研究会／編
化学業界大研究［改訂版］	南正明／著
石油業界大研究	南正明／著
航空業界大研究［改訂版］	中西克吉／著